이 책은
돈 버는 법에
관한
이야기

①

起

흔들림 없는 삶을 세우는 인생 내공

나는 얼마짜리 사람인가

당신은 돈으로부터 얼마나 자유로운가? 진정한 자유를 누리기 위해선 돈으로부터 자유로워야 한다. 여기에는 두 가지 방법이 있다. 필요한 만큼의 돈을 벌든가, 돈이 없어도 행복할 수 있다는 철학으로 무장하든가.

돈으로부터 자유로워지는 첫 번째 방법은 필요한 만큼 돈을 버는 것이다. 그러려면 우선 얼마의 돈이 필요한지부터 정확하게 계산해야 한다.

난 요즘 1만 원만 있으면 너무 행복하다. 오전 7시에 도서관에 와서 밤 11시에 집에 돌아갈 때까지 밥을 두 번 먹는 데 8,000원, 커피 한 잔 마시는 데 1,500원을 쓴다. 난 아마 남은 생의 대부분을 이런 식으로 보낼 것 같다. 99세까지 계산해봐도 돈이 그렇게 많이 필요하지는 않다. 심지어 이미 그만큼의 돈은 있다.

그리고 난 책을 계속 읽고 쓸 것이다. 현재 가장 좋아하는 일이니까. 여기서도 충분한 수입이 생긴다. 책을 출간하면 일단 인세가 들어오고, 책과 관련된 강연료 수입이 생긴다. 또 소상공인, 매출, 장사, 마케팅 같은 키워드를 필요로 하는 곳에서 내 이야기를 듣고 싶어 한다. 부수적인 강연료나 출연료 수입이 생긴다는 말이다.

돈으로부터 자유로워지면 하기 싫은 일은 하지 않아도 되는 진정한 자유가 찾아온다. 그렇다고 모두 책만 읽으라는 얘기가 아니다. 본인이 하고 싶은 일을 알아낸 다음 99세까지 그 일을 하면서 살려면 얼마가 필요한지 계산할 수 있어야 한다는 것이다. 지금 당장 책 읽기를 멈추고 당신에게 필요한 돈을 계산해보라.

돈으로부터 자유로워지는 두 번째 방법은 돈이 없어도 행복할 수 있다는 철학으로 무장하는 것이다. 사실 난 이 철학도 어느 정도 가지고 있다.

돈이 500억 원 정도 있다고 치자. 그러면 당신은 매일 몇백만 원짜리 밥을 먹고 몇천만 원짜리 여행만 다닐 것인가? 아니다. 세상엔 돈을 쓰면서 즐기는 법도 있지만 돈 없이 더 즐겁게 누리는 방법이 훨씬 많다.

혹자는 "넌 돈을 쓰고 놀아봐서 아는 거 아냐?"라고 말할지도 모르지만 우리는 무언가를 이해하기 위해서 모든 것을 경험해볼 필요가 없다. 책을 통해 얼마든지 알 수 있기 때문이다. 난 "배부른 돼지보다 배고픈 소크라테스가 되겠다"라는 말을 마흔일곱이 되어서야 이해했다. 이제는 몸의 쾌락보다 정신의 쾌락이 훨씬 좋다.

나는 독서를 하며 내가 30억짜리 사람임을 알게 됐다. 더 벌 수도 없고 더 필요하지도 않다. 30억보다 더 많은 돈은 내게 스트레스를 준다. 내가 만약에 300억을 목표로 장사를 하고 독서를 했다면 지쳐서 포기했을 것이다. 이를 악물면 돈을 더 벌 수 있겠지만 벌지 않는다. 필요 없기 때문이다. 내가 누구인지 정확하게 알면 그 이상의 돈은 필요 없는 것이 된다. 30억이라는 정확한 목표가 생기자 머릿속이 시원해졌다.

그런데 재미있는 사실은 목표를 세우고 선순환으로 돈을 버는 구조를 만들었더니, 돈이 더 많이 벌리기 시작했다는 것이다. 그래서 이 돈을 어떻게 할까 생각하다 도서관을 짓기로 결심했다.

도서관을 짓기로 결심한 나 자신이 얼마짜리인지 다시 계산해봤다. 독서와 사색을 통해 업그레이드된 내 능력치는 300억짜리 고명환이었다. 난 이제 300억을 벌 수 있는 사람이 되었기에, 300억으로 도서관을 짓겠다는 목표를 세운 것이다.

이 목표는 또 변할 것이다. 나는 누구인가를 쉽게 정의할 수 없는 이유는 인간은 매초마다 계속 변하기 때문이다. 특히 독서를 통해 내공을 쌓은 사람은 변화의 속도가 눈부시게 빠르다.

자신이 정확하게 얼마짜리 사람인지 생각해본 적이 있는가. 죽을 때까지 당신은 얼마를 벌 수 있고, 또 얼마가 필요한지, 계산해본 적이 있는가. 아니 계산할 수 있는가.

목표를 세우려면 지금의 나를 먼저 알아야 한다. 독서와 사색을 통해 정확하게 내가 어떤 사람인지, 내 능력치가 어느 정도인지 알아야 정확한 목표를 세울 수 있다. 그래야 지치지 않고 목표를 이룰 수 있다. 목표만 정확하면 성취하는 길은 쉽다. 내가 할 수 있는 만큼만 하면 되니까. 실패하는 이유는 내 능력치보다 목표를 크게 잡기 때문이다. 그건 목표가 아니라 꿈이고 희망이고 환상이다.

필요한 만큼만 벌면 된다. 그 이상의 돈을 벌기 위해 하기 싫은 일을 하지 말자. 많으면 많을수록 좋다는 생각은 버리자. 돈의 노예가 되는 순간, 더 이상 자유는 없다. 돈을 밀어내는 순간 자유로워진다. 자유로운 사람이 창의적이고, 창의적인 사람이 돈에 끌려다니는 사람보다 돈을 더 잘 벌 수밖에 없다. 이게 돈의 법칙이다.

난 돈에 저항할 수 있는 힘이 생겼다. 자본주의사회에서 가장 필요한 힘이다. 돈이 더 벌리는데도 안 벌 수 있는 힘. 내 능력치 이상의 돈을 벌기 위해서는 돈에 끌려다니는 삶을 살아야 한다. 난 그게 싫다. 내가 가질 만큼만 가지면 된다.

그리고 남는 시간엔 책을 읽겠다. 돈을 마다하고 책을 읽을 때의 기분이 얼마나 행복한지 여러분도 느껴보기 바란다. 그러기 위해선 돈에 저항할 수 있는 자신만의 정확한 철학이 필요하다. 기부를 하는 사람들은 돈에 저항할 줄 아는 사람들이다. 인간이 가장 행복할 때가 남을 도와줄 때다. 돈에 저항할 수 있어야 남을 도울 수 있고 남을 돕는 순간 내게 더 큰 행복이 찾아온다.

저항하자. 저항하지 못하는 사람은 발전이 없다. 역사상 모든 혁명은 저항이었다. 저항이 있어야 혁명이 일어나고 나라가, 내가 발전한다. 당신은 얼마나 오랜 시간 돈에 끌려다니며 살았는가? Think different! 다르게 생각하라. 돈을 밀어내면 돈이 저절로 따라온다.

우린 그동안 속고 살았다

자, 눈을 감고 '행복' 하면 무엇이 떠오르는지 그려보라. 멋진 집, 좋은 차, 화목한 가정, 해외여행 같은 것들이 그려지는가? 그렇다면 당신도 자본주의에 세뇌당한 사람이다.

인간에게는 놀고, 먹고, 여행할 때 느끼는 행복감보다 더 큰 진짜 행복감이 있다. 바로 무언가를 창조할 때의 행복감이다.

내 일이 힘든 이유는 창조를 하지 않기 때문이다. 회사나 거래처가 시키는 일만 하기 때문에 만족감이 없다.

어린아이들이 모래밭에 앉아 하루 종일 재밌게 놀 수 있는 원동력이 창조다. 창조를 하면 하루 종일 앉아 있어도 힘들지 않다. 그런데 우리는 어떤가? 회사 의자에 앉아 가슴 설레며 일한 적이 있는가?

스티브 잡스가 애플을 만들고 일론 머스크가 스페이스X를 만들 때 그들은 얼마나 흥분해 있었을까? 보지 않아도 상상이 되지 않는가. 나는 왜 그런 일을 하려 하지 않는가? 시도는 해봤는가? 스스로를 너무 작은 존재로 치부해 남이 시키는 일만 하며 컴퓨터 앞에 앉아 있는 건 아닌가? 스티브 잡스도 일론 머스크도 똑같이 컴퓨터 앞에 앉아 있었지만 화면을 바라보는 표정은 나와는 완전히 달랐을 것이다.

행복은 무언가를 만들며 느끼는 성취감이다. 무언가를 만들어야 한다. 꼭 일과 관련된 것이 아니어도 된다. 목표를 세우고 그것을 이룰 때 인간은 가장 큰 행복감을 느낀다. 새벽 4시 반에 가슴 설레며 회사로 향하는 재벌 총수들은 그렇게 하는 것이 가장 행복하기에 그 시간에 집을 나서는 것이다. 그들이 놀려고 하면 뭘 못 하겠는가. 그리고 안 놀아봤을까? 아니, 놀아보고 즐겨봤다. 그리고 그렇게 노는 것보다는 새벽 4시 반에 회사에 출근해 뭔가를 창조하는 것이 훨씬 재미있게 느껴졌을 것이다.

우린 행복을 위해서는 엄청난 돈이 필요하다고 생각하는데 절대 그렇지 않다. 내게 행복을 위해서 필요한 돈은 한 달에 10권 정도의 책을 살 수 있는 20만 원 정도다. 책만 있으면 좋은 차, 좋은 집도 필요 없다. 나 혼자 앉을 수 있는 책상이 있는 방이면 충분하다.

물론 그 방이 딸린 집을 얻을 때까지는 남이 시키는 일도 참고 해야 했다. 그렇게 나는 집을 구했다. 그래서 이젠 남이 시키는 일은 안 한다. 그게 내 행복의 비결이다. 하루 종일 책을 읽고 글을 쓰고 새로운 아이디어를 실행해 결과물을 만들어내는 게 가장 재밌다.

자, 이제 당신이 만들어낼 수 있는 창조물은 뭐가 있는지 찾아보자. 눈에 보이는 물건도 좋고 보이지 않는 철학, 생각이어도 좋다. 하루에 하나씩은 만들자.

그런 의미로 나는 매일 글을 쓰고 있다. 내 글의 가치를 떠나서 세상에 없는 한 줄을 만들어냈다는 쾌감이 행복이다. 이런 행복감이 들면 글을 계속 쓰게 되고 그중에서 사람들을 감동시키는 글도 나온다. 그럼 나는 더 행복해진다.

당신은 무엇을 만들 수 있는가? 모르겠다면 계속 책을 읽어라. 책의 가장 좋은 점은 스스로에게 좋은 질문을 던지게 해준다는 것이다. 질문이 떠오를 때까지 책을 읽으면 된다.

스마트폰이 없을 때는 출퇴근 시간에 지하철에서라도 생각을 했다. '왜 나는 아직 자가용도 없이 이런 숨 막히는 지하철로 출퇴근을 할까? 어떻게 하면 자가용을 가질 수 있을까? 어떻게 하면 내 연봉이

2배가 될까?' 이런 질문이라도 던져야 인생이 변하기 시작한다. 이런 질문조차 던지지 않으니 인생이 변할 리가 없다.

나에게 질문 하나만 잘 던져도 인생이 바로 변한다. 최근에 스스로에게 질문을 던져본 적이 있는가? 어떤 질문을 던졌는가? 우리 뇌는 질문을 받으면 해답을 찾는다. '내 연봉이 2배가 되려면 어떻게 하면 되지?'라고 하루에 100번씩 물어보면 뇌는 결국 답을 찾아낸다. 아이디어는 그렇게 탄생한다.

절박하게 '내 가족을 당장 먹여 살려야 하는데 어떻게 해야 하지? 시궁창에 갇혀 사는 우리 가족을 내가 일으켜 세우려면 어떻게 해야 하지?'라고 계속 물어보면 결국 우리의 뇌는 답을 찾는다. 그렇게 태어난 아이디어들이 수천억짜리 회사가 되고 세계인이 사랑하는 제품이 된다.

현실이 악몽처럼 느껴진다면

어젯밤에 악몽을 꿨다. 너무 싫은 꿈이었다. 꿈속에서 생각했다. '어떻게 하면 이 상황에서 벗어날 수 있을까?' 그러고는 이런 엄청난 일은 꿈이 아니라면 현실에서 일어날 리가 없음을 자각하고 눈을 번쩍 떴다. 난 침대에 누워 있었다.

현실이 악몽같이 느껴진다면, 눈을 뜨면 된다. 현실이 악몽처럼 느껴지는 건 아직 눈을 뜨지 않았기 때문이다. 당당하게 눈을 뜨고 자기 자신을 바라보자. 못난 부분이 있다면 못났다고 인정하고, 모자란 부분이 있으면 모자라다고 인정하자. 지금의 나를 받아들이고 인정하고 정확한 점수를 매겨라. 나를 인정해야 문제가 해결된다. 해결 못

할 일은 하나도 없다. 한꺼번에 해결하려 하지 말고 작은 것부터 하나씩 풀어나가면 된다.

만약 내가 해결하지 못할 일이 있다면, 그 문제는 내려놓아야 한다. 로또가 당첨 안 된다고 매주 극심하게 스트레스 받을 것인가? 로또 당첨은 내 힘으로는 해결되지 않는 문제다. 내가 잘못한 게 아니지 않은가. 하지만 내가 해결할 수 있는 일인데 눈을 감고 모른 척 넘어가는 건 절대 안 된다. 그런 문제들이 쌓이면 내 현실이 악몽이 되기 때문이다.

세상일은 딱 두 가지로 구분된다. 선택할 수 있는 것과 받아들여야 하는 것. 우리는 매일 먹을 음식을 선택할 수 있다. 우리는 매일 입을 옷을 선택할 수 있다. 하지만 내리는 비를 멈추도록 선택할 수는 없다. 코로나19와 같은 전염병이 발생하지 않도록 선택할 수도 없다.

'우리 가게에는 왜 이렇게 손님이 없을까?' 걱정되는가? 걱정하지 말고 선택하라. 여기에는 두 가지 선택지가 있다. 첫째, 열심히 해답을 찾아서 손님이 오게 만들자. 둘째, 이 업종은 나한테 맞지 않으니 다른 업종을 찾아보자.

'이렇게 준비해서 오픈하는데 손님이 많이 올까?' 이런 걱정이 드는 사람이라면 오픈하지 마라. 어느 정도 준비를 해야 손님이 오는지 스스로 알 수 있어야 한다. 모른다면 준비 부족이다. 더 공부해야 한다.

《데일 카네기 자기관리론》에는 컬럼비아대학교 호크스 학장의 말이 나온다. "세상 걱정의 절반은 결정을 내리는 데 기초가 될 만한 지식이 부족한 상태에서 결정하려고 하기 때문에 생긴다"라는 말이다.

코로나19 때문에 손님이 줄었다? 코로나 기간에 잘된 식당도 많다. 걱정만 하지 말고 분석하라. 정말 코로나19 때문에 손님이 줄었는지, 본인과 똑같은 업종인데 장사가 잘되는 가게는 없는지. 본인의 잘못이 하나도 없는데 손님이 안 온다? 그렇다면 이대로 계속 버틸 것인지, 버틸 능력은 되는지, 아니면 폐업할 것인지, 폐업 이후엔 무엇을 할 것인지 계속 선택해가면 된다.

걱정은 생각이 머무는 것이고 선택은 앞으로 나아가는 것이다. 모든 일에는 해결책이 있다. 해결책이 없는 일은 받아들이면 된다. 내리는 비, 부는 바람, 몰아치는 파도를 우리는 선택할 수 없다. 그냥 받아들이면 된다. 하지만 이런 상황에도 선택할 수 있는 것들이 있다. 비를 피할 것인가, 그냥 맞을 것인가? 파도를 구경할 것인가, 파도를 탈 것인가?

후배들로부터, 장사하는 지인들로부터 힘들다는 이야기를 자주 듣는다. 악몽 같은 소식들이 매일 날아드는 것이다. 이럴 때일수록 피하지 말고 눈을 똑바로 떠야 한다. 그러면 해결 못 할 일은 없다.

눈을 뜬다는 것은 곧 질문을 던지는 것이다. 질문 없이 하루를 산 사람은 악몽 속에서 하루를 보낸 것과 마찬가지다. 눈을 뜨고 질문을 던지자. 세상을 향해 질문을 던지자. 질문을 던져야 해답이 돌아온다.

만약 당신이 길을 가다가 평생 꿈꾸던 이성을 찾았다고 해보자. 말을 걸고 싶지만 용기가 없다. '애인이 있을까? 나를 거절하면 어떡하지? 나 같은 건 쳐다보지도 않겠지?' 이렇게 혼자 아무리 생각해봐도 정답을 찾을 수 없다. 이럴 땐 고민을 상대에게 던져버리면 된다. 그 이성에게 뚜벅뚜벅 다가가서 "제가 평생을 찾아 헤맨 이상형이세요. 전화번호 좀 알려주시겠습니까?"라고 질문만 던지면 끝이다.

그다음부터 이 문제에 대한 고민은 상대방이 하게 된다. 답은 '예스'일 수도 있고 '노'일 수도 있지만 난 더 이상 고민하지 않아도 된다. 그리고 상대방에게 질문을 던졌기 때문에 반드시 답이 돌아오게 되어 있다. 성공 확률은 50퍼센트. 하지만 질문을 던지지 않았다면? 100퍼센트 실패다.

세상을 향한 고민도 마찬가지다. 돈을 벌고 싶은가? 그렇다면 세상에 그 질문을 던지면 된다. 사업을 시작하는 것이다. 직장에 다닌다면 남이 시키는 일 대신 자기만의 프로젝트를 시작하라. 시작을 해야 세상이 답을 준다. 단, 무턱대고 시작하라는 말은 아니다. 많이 읽고 생각하면 저절로 준비가 되고 자연스럽게 시작하게 된다.

인생에 대한 답을 모르겠다면 질문을 던져라.

"세상아, 나는 어떻게 살아야 되겠느냐?"

"당장 돈을 많이 벌고 싶은데 어떻게 하면 될까, 명환아?"

인생의 정답을 모른다고 괴로워하지 마라. 그 누구도 가만히 앉아서 답을 찾아내지는 못한다. 고민이 있으면 질문을 던지고 책을 읽으며 기다려라. 우리 뇌는, 세상은 질문을 던진 사람에게 답을 알려준다.

자, 이제 질문을 던져보자. 당신이 세상을 향해 던지고 싶은 질문은 무엇인가?

"저 친구는 항상 운이 좋아"

무슨 일을 하든 잘되는 사람이 있다. 잘나가는 팀에 들어가서, 마침 문을 연 가게의 아이템이 유행하기 시작해서, 갑자기 나타난 누군가가 도와줘서 잘 풀리는 사람들. 흔히 우리가 "저 친구는 항상 운이 좋아"라고 말하는 사람들 말이다.

내가 로또에 당첨되고, 내가 투자한 코인이 수천만 배 오르는 것은 운이 좋은 것도, 기적도 아니다. 그건 불가능한 것이다. 왜냐하면 내 힘으로 어떻게 할 수 없는 일이기 때문이다.

하지만 운을 만들어내는 기적은 다르다. 기적은 내 힘으로 얼마든지 만들 수 있다. 하루 30분의 독서가 쌓이고 쌓여서 기적이 일어난다. 내가 원하는 것을 매일 100번씩 쓰고 외치면 기적이 일어난다. 이건 수많은 사람이 증명해 보인 사실이다. 대표적으로 《돈의 속성》의 저자 김승호 회장은 자기가 100번씩 글로 쓴 것은 모두 이루어졌다고 증명했다. 이게 바로 기적이고, 운을 만드는 방법이다.

세계적 생물학자 베른트 하인리히는 《뛰는 사람》에서 이렇게 말했다. "나는 사소한 사건이 꾸준히 쌓여 마침내 엄청난 영향력을 발휘하는 자연의 운영 방식에 경탄을 금할 수가 없다."

눈에 보이지 않을 정도로 작은 씨앗들이 땅에 떨어지고, 꾸준히 시간이 흘러 거대한 숲이 된다. 마찬가지로 우리가 작은 습관을 꾸준히 쌓으면 거대한 영향력을 발휘할 수 있는 내공이 생긴다. 이 내공으로 운을 만들 수도 있다.

운은 자기에게 주어진 소명대로 살 때 만들어진다. '소명'이라는 말이 좀 어렵게 느껴진다면 이렇게 생각하면 쉽다. 창업을 꿈꾸지만 회사를 다니며 시키는 일만 묵묵히 하고 있는 사람, 하고 싶은 일이 너무 많지만 사람들이 말하는 안정적인 직업을 얻기 위해 공무원 시험을 준비하는 사람. 모두가 자신의 소명과 다르게 움직이는 경우다. 잘못된 선택에 본인 스스로도 괴로울 뿐만 아니라 본인 때문에 정작 그 자리에 있어야 할 사람이 어딘가로 밀려나 불행하고 재미없는 삶을 살아가는 것도 문제다.

운은 자신의 소명이 무엇인지 알고, 자기 자리를 제대로 찾아가면 생긴다. 나를 위해서도, 남을 위해서도 우린 스스로의 자리를 지켜야 한다. 기상이변을 누가 일으켰는가? 북극곰이? 다람쥐가? 밤나무, 소나무가? 아니다. 우리 인간이 일으켰다. 어떻게? 본인이 있지 말아야 할 자리에서 하지 말아야 할 행동을 함으로써 기상이변을 일으켰다.

헤르만 헤세의 소설《데미안》에서 주인공 데미안이 싱클레어에게 이런 말을 한다.

"나방이 별이나 혹은 그런 무언가에 제 의지를 쏟으려 했다면, 그건 이룰 수 없었을 거야. 다만 나방은 그런 시도를 하지 않는다는 거지. 오로지 제게 의미와 가치가 있는 것, 제가 필요로 하는 것, 꼭 가져야 하는 것만 찾아. 바로 그렇기 때문에 믿을 수 없는 일도 이루어지는 거지."

수컷 나방은 자신의 소명을 안다. 자신의 목표는 어디에 있는지 모를 암컷 나방을 만나 짝짓기를 하고 자신의 2세를 생산하는 것이다. 목표를 알기 때문에 한눈팔지 않는다. 다른 이들이 별을 보고 아름답다고 감탄해도 쳐다보지 않는다. 수컷 나방의 모든 신경은 수 킬로미터 떨어져 있는 암컷 나방을 향해 달려가고 있다. 이렇게 다른 이들이 좋다고 말하는 목표가 아닌 나 자신만의 목표를 찾아 떠날 때 기적이 일어난다.

나만의 '암컷 나방'을 찾아야 한다. 방향이 제대로 맞으면 일어나지 않을 것 같던 기적도 일어난다. 만약 수컷 나방이 남들이 꿈꾸는 별을 목표로 날아갔다면 별에 도착하지도 못하고, 암컷 나방도 만나지 못했을 것이다. 죽음이 임박해서야 방향이 틀렸음을 깨닫겠지만 그때는 이미 늦었다.

정확한 방향인 암컷 나방을 찾아 길을 떠나야 도중에 기적이 일어난다. 사람들은 기적이라 말하지만, 그건 원래 당신이 가야 할 길에 놓인 행운일 뿐이다. 그걸 줍기만 하면 된다. 자기가 가야 할 길에 올라타면 누구나 행운을 만날 수 있다.

"저 친구는 항상 운이 좋아."

그런 말을 듣는 사람이 가는 길을 보라. 그는 분명 본인이 가야 할 방향을 정확하게 알고 그 길을 걷는 사람일 것이다. 만약 당신의 인생에 단 한 번의 기회도 없었다면, 어쩌면 당신의 방향이 틀렸을지도 모른다.

내가 진심으로 하고 싶고, 일하는 시간 자체가 행복한 일, 그런 일을 찾아라. 그 일을 찾아 그 방향으로 달려가면 기적이 일어난다. 갑자기 모르는 사람이 나타나 나를 도와주고, 없던 돈이 생겨 내 일이 성공하도록 힘이 되어준다. 내가 몸소 경험했던 너무도 짜릿한 일들이니 믿어도 된다.

마법의 주문
'미리미리'

사람들은 정작 해야 할 일은 하지 않고 도움되지 않는 쉬운 일을 하며 시간을 보내는 경우가 많다. 해야 할 일은 생각만 해도 힘들다. 몸이 아프다. 기분이 별로다. 그래서 컨디션이 안 좋다는 이유로 미룬다.

그냥 미루면 죄책감이 드니까 도움이 안 되는 쉬운 일을 한다. 쉬운 일을 하고 있으면 그래도 뭔가 하는 것처럼 느껴지니까 죄책감에서 벗어날 수 있다. 이런 날들이 반복되면 결국 해야 할 일을 포기하게 된다.

이젠 '미리미리' 하자. 급하고 중요한 일은 '미리미리' 해야 한다.

당신은 알고 있다. 지금 당신에게 가장 중요한 일이 뭔지. 그 일을 생각하며 '미리미리'라고 외쳐라. 몸이 안 움직이고 게을러질 때 바로 외쳐라. '미리미리.' 그리고 바로 행동에 옮겨라.

식당을 오픈하기 위해 구청에 가야 된다면 '미리미리' 가자. 세금 관련 자료를 정리해서 세무사에게 보내는 달엔 '미리미리' 보내자. 육수를 끓이고 재료를 준비할 땐 떨어지기 전에 '미리미리' 준비하자. 특히 화장실 청소는 '미리미리' 하자.

생각해보라. 투자하는 시간은 똑같다. 지금 하느냐, 나중에 하느냐의 차이다. '미리미리' 하는 게 좋은 이유는 그만큼 스트레스를 안 받기 때문이다. 미룰수록 스트레스가 심해진다. '미리미리'는 건강을 부르는 주문이다. 모든 병은 스트레스가 주원인이다. 해야 할 일을 미루고 있으면 그동안 계속 그 일에 대해 생각하기 때문에 스트레스를 받는다. 오늘 해야 할 일을 미룬 채 가슴에 품고 잠들지 마라. 당신이 자는 내내 스트레스가 당신의 몸을 괴롭힐 것이다. '미리미리'를 크게 외치고 '미리미리' 해야 할 일을 해치우고 편안하게 잠을 자라. 병원에 가지 않도록 '미리미리' 예방하는 방법이다.

'미리미리'를 습관으로 장착하자. 하루 전날 밤에 다음 날 계획을 '미리미리' 짜놓자. 전날 못 했다면 당일 새벽에 일어나 하루를 '미리미리' 설계하라. 처음에 힘들어서 그렇지 습관이 되면 '미리미리'만큼 좋은 게 없다.

사람들은 여행 갈 땐 시키지 않아도 '미리미리' 준비한다. 해외여행이라도 가게 되면 몇 달 전부터 캐리어를 펼쳐놓고 '미리미리' 짐을 싼다. 내가 하는 일이 해외여행보다 설레야 한다. 그래야 내가 하는 일을 '미리미리' 준비할 때 설레게 된다.

난 학교 다닐 때 비록 몇 번이지만 예습을 해본 적이 있다. 예습을 한 날 저녁엔 왜 그렇게 설렜는지 모른다. 빨리 아침이 와서 학교에 가고 싶어졌다. 학교에 가고 싶어 설레는 유일한 날이 소풍 전날과 예습한 날이었다.

지금 당신에게 가장 중요한 일은 무엇인가. 혹시 그 일을 계속 미루고 있지 않은가. 지금 당장 '미리미리'를 외치고 그 일을 대면하라. 당신의 눈앞에 펼쳐놓아라. 그리고 그냥 시작하라. 막상 시작해보면 어려운 일이 아니라는 것을 알게 된다. 당신이 해야 할 일은 당연히 당신이 할 수 있는 일이다. 사람들은 불가능한 일을 해야 할 일 목록에 적어놓지 않는다. 당신이 할 수 있는 일이고 어차피 해야 할 일이다. 투자하는 시간과 노력은 똑같다. 그렇다면 '미리미리' 해서 건강을 챙기자. '미리미리'가 당신의 스트레스를 없애는 비결이다.

'왜'를 '어떻게'로 바꾸면 답이 보인다

생각은 많은데 행동으로 옮기지 못하는 사람들에게 아주 유용한 팁이 있다. 바로 '왜'를 '어떻게'로 바꾸는 것이다.

- 왜 손님이 없지? ···› 손님이 많이 오게 하려면 어떻게 하면 되지?
- 왜 살이 이렇게 찌지? ···› 살이 빠지려면 어떻게 하면 되지?
- 왜 순이익이 적지? ···› 순이익을 올리려면 어떻게 하면 되지?
- 왜 세금이 이렇게 많지? ···› 세금을 줄이려면 어떻게 하면 되지?
- 왜 난 늘 돈이 없지? ···› 10억을 벌려면 어떻게 하면 되지?
- 왜 난 꿈이 없지? ···› 내가 하고 싶은 걸 알려면 어떻게 하면 되지?

- 왜 난 쓸데없이 바쁘지? ⋯→ 계획적인 삶을 살려면 어떻게 하면 되지?
- 왜 난 출근하기 싫지? ⋯→ 설레는 마음으로 출근하려면 어떻게 하면 되지?
- 왜 난 책을 읽어도 변화가 없지? ⋯→ 책을 통해 내 임계점을 돌파하려면 어떻게 하면 되지?
- 왜 난 눈치만 보고 살지? ⋯→ 당당하게 거절하려면 어떻게 하면 되지?
- 왜 난 끌려다니며 살지? ⋯→ 세상을 지배하며 살려면 어떻게 하면 되지?
- 왜 난 하는 일마다 꼬이지? ⋯→ 모든 일이 순조롭게 진행되려면 어떻게 하면 되지?
- 왜 난 돈을 못 벌지? ⋯→ 목표한 돈을 벌려면 어떻게 하면 되지?
- 왜 난 운이 없지? ⋯→ 운이 나에게 찾아오게 하려면 어떻게 하면 되지?
- 왜 난 행복하지 않지? ⋯→ 행복해지려면 어떻게 하면 되지?

질문을 올바른 방향으로 던져야 정답이 찾아진다. '왜?'를 '어떻게?'로 바꾸면 어떻게 행동해야 하는지 알게 된다.

사소한 것부터 심각한 문제까지 모든 것에 적용하라. 저절로 '어떻게'가 입에서 나오도록 습관을 들이자. 그리고 '왜'는 딱 한 번만 사용하라. "나는 '왜' 이 일을 하는가?"

모든 문제에는 해결 방법이 있다. 무조건 있다. 정주영 회장은 이렇게 말했다.

"이 세상에 전쟁 말고는 모든 문제를 나 스스로 해결할 수 있다고 믿고 사업을 합니다."

당신은 할 수 있다. 우리는 할 수 있다. 책을 읽고 고요한 침묵 속에서 해결 방법을 생각하면 못 할 일이 없다. 작은 것부터 하나씩 '어떻게'로 해결해가면 결국 큰 문제도 풀린다.

하루 100번, 100일간 외쳐라

인간은 하고 싶은 일을 하면서 살아야 한다. 그런데 문제는 정작 하고 싶은 일이 뭔지 모른다는 것이다.

목표를 세우라고 한다. 그런데 목표를 세우는 것도 만만치 않다. 대부분 불가능한 목표를 세우고 달려가다 나가떨어진다.

실현 가능한 목표를 세우려면 100일 동안 하루에 100번씩 외치면 된다. 100일이 지나면 처음에 자신이 세운 목표가 바뀌어 있음을 깨닫게 될 것이다. 그렇게 바뀐 목표가 바로 실현 가능한 목표다. 스스로에게 매일 100번씩 외치면 스스로 알게 된다. 내가 경험한 '100일 동안 하루 100번 외치기' 과정을 소개하겠다.

2021년 8월 21일

부의 선순환으로 돈 버는 구조를 만들었더니 돈이 더 잘 벌리기 시작했다. 그래서 난 돈을 더 벌어 도서관을 짓는다는 계획을 세웠다. 그리고 그 계획에 맞춰 목표를 세웠다. "연매출 300억을 달성하겠습니다."

8월 26일

300억을 벌려면 어떻게 해야 할까에 집중하니 책을 읽어야 한다는 결론이 나왔다. 그래서 목표를 이렇게 바꿨다. "연매출 300억을 달성할 때까지 책을 열심히 읽습니다."

8월 29일

책을 읽다 보니 돈 쓸 곳을 정확하게 정해야 목표한 돈이 더 잘 벌린다는 것을 알게 되었다. 목표를 다시 변경했다. "연매출 300억을 달성할 때까지 책을 열심히 읽고, 도서관을 건축하겠습니다."

9월 4일

책은 늘 열심히 읽고 있기 때문에 '책을 열심히 읽는다'는 목표에서 지웠다. 그리고 '건축하겠습니다'를 '건축합니다'로 바꿨다. 이미 이루어졌다고 선언하는 것이다. 미래형에서 현재형으로. "연매출 300억을 달성하고 도서관을 건축합니다."

9월 6일

매일 100번씩 외치다 보니 '그럼 어떻게 하면 될까?'에 집중하게 됐다. 내가 운영하는 '메밀꽃이 피었습니다'는 연매출이 평균 10억이다. 팬데믹 속에서도 10억을 훌쩍 넘겼다. 그렇다면 '메밀꽃이 피었습니다'를 직영으로 30개 운영하면 되겠다는 결론이 나왔다. 그래서 목표를 이렇게 바꿨다. "'메밀꽃이 피었습니다' 30개 매장을 잘 운영하고 있습니다."

9월 22일

책을 읽다가 '가치를 만들면 돈은 저절로 따라온다'는 걸 깨달았다. 그래서 이렇게 바꿨다. "'메밀꽃이 피었습니다' 30개 매장으로 연 300억 매출을 올리며 가치를 만들고 있습니다."

11월 2일

트래픽 자산에 대해 알게 됐다. 스타벅스, 맥도날드도는 이제 부동산 회사다. 건물에 스타벅스가 입점하면 많은 사람이 드나들고 부동산 가치가 올라간다. 이것을 트래픽 자산이라고 한다.

김승호 회장은《돈의 속성》에서 "매장 수익과 더불어 트래픽 자산을 꼭 챙겨라. 어쩌면 매장 수익보다 트래픽 자산이 훨씬 크다"라고 말한다. 망치로 꽝 맞은 기분이다.

막연하게만 알고 있던 것이 정확한 개념이 되자 명쾌하게 목표가 그려졌다(책을 읽고 경제·금융 용어를 알아야 하는 이유다). 그래서 이렇게 목표를 바꾼다. "건물을 사고 '메밀꽃이 피었습니다'를 운영해 트래픽 자산을 잘 만들고 있습니다."

12월 1일

책은 좀 더 구체적으로 외치라고 계속 요구한다. 구체적일수록 이루어질 가능성이 높다. 지금 외치는 목표는 뭔가 과정을 훌쩍 뛰어넘은 느낌이다. 그래서 좀 더 구체적으로 변경한다. "2022년 3월 30일 내 땅에 지은 내 가게에서 '메밀꽃이 피었습니다'를 오픈합니다."

2022년 1월 1일

트래픽 자산을 만들 수 있는 땅을 보러 다녔다. 내가 원하는 땅이 있다. 많다. 그런데 그 땅을 사려면 지금 내가 가진 부동산을 모두

처분해야 한다. 아니면 무리하게 빚을 져야 한다. '명환아, 서두르지 말자. 작은 것부터 하나씩 해결하면 돼. 내 땅, 내 건물은 1년만 미루자.' 욕지도에서 일출을 보며 2022년 목표를 외친다. "2022년 한 해 동안 10억을 모았습니다. 감사합니다."

1월 3일

1년 동안 10억을 모으려면 어떻게 해야 할까. '메밀꽃이 피었습니다'로 순수익 2억, 개그맨 고명환으로 버는 수익 1억. 나머지 7억은?

1년 동안 7억의 부수입을 올릴 방법은 뭐가 있을까. 그래! 지금 쓰고 있는 책의 인세가 있다. 책 한 권이 1만 5,000원이라고 가정했을 때, 한 부가 팔리면 1,500원이 생기니까 700,000,000원 나누기 1,500은 466,666.66666667이다. 그렇다면 46만 6667부 이상 팔릴 수 있도록 글을 쓰자. 이렇게 생각하니 용기가 생기고 자신감도 높아졌다. 그래서 이 글을 쓰고 있는 현재 외치는 목표는 이렇다.

"2022년 한 해 동안 매장에서 2억, 개그맨으로 1억을 벌고 책 46만 6667부를 팔았습니다."

1월 6일

목표액을 먼저 제시하고 구체적인 내용을 외치는 걸로 바꿨다. "올해 10억을 벌었습니다. 매장에서 2억, 개그맨으로 1억을 벌고 책 46만 6,667권을 팔았습니다. 감사합니다."

지난 반 년간 내 목표는 "연매출 300억을 달성하겠다"로 시작해 "2022년 한 해 동안 10억을 벌었습니다. 매장에서 2억, 개그맨으로 1억을 벌고 책 46만 6,667부를 팔았습니다"로 바뀌었다(책을 46만 6,667부를 팔아야 하니 도와주십시오^^).

불가능할 것 같았는데, 외치고 나니 용기가 생겼다. 이유가 뭘까. 구체적이기 때문이다. 목표가 구체적일수록 길이 보인다. 길이 보이면 용기가 생긴다. 용기가 생기면 자신감이 생기고 목표에 대한 확신이 생긴다.

100일 동안 하루 100번 외치면 이렇게 목표가 구체적으로 변한다. 난 이미 100일을 지나, 이 글을 쓰고 있는 오늘 136일째 외치고 있다. 100일만 외치려 했지만 목표를 달성할 때까지 외치기로 계획을 바꿨다.

.외치는 내용은 계속 변할 것이다. 변하는 이유는 목표를 달성하기 위해서다. 누가 조종하는가? 자기 자신이다. 하루 100번 외치기를 계

속하면 나 자신을 알게 된다. 진짜 능력치를 파악할 수 있게 된다. 결국 이룰 수 있는 목표를 뇌가 설정한다. 그리고 결국 목표를 이루게 된다.

처음엔 원대하게 외쳐라. "한국의 스티브 잡스가 된다", "삼성보다 더 큰 회사를 만든다", "요식업에서 백종원보다 유명한 대가가 된다", "내가 만든 브랜드가 대기업에 1조에 팔린다". 원대하게 외치다 보면 결국 지금 이룰 수 있는 작은 목표를 설정하고 이룰 수 있게 된다. 하지만 걱정 마라. 목표가 축소된 게 절대 아니다.

오늘부터 외쳐보자, 원대하게. 이 글을 읽었다고 처음부터 구체적으로 외치지 마라. 크게 시작하면 저절로 구체적인 방법을 찾아가게 된다. 미리 작은 목표를 설정하지도 마라. 하루에 100번 외친다는 것은 최소한 그 정도는 자신의 꿈을 생각한다는 의미다.

당신은 하루 동안 당신의 꿈을 얼마나 생각하는가? 단 한 번도 생각하지 않고 지나가는 날이 부지기수일 것이다. 내 꿈을, 내 목표를 계속 생각해야 한다. 그렇게 나는 누구인지, 얼마짜리인지를 알아내고 내 몸값을 계속 올려야 한다.

실현 가능한 목표를 찾는 방법은 간단하다. 책을 꾸준히 읽으며 하루 100번씩 외치기만 하면 된다. 그러면 저절로 이루어진다. 마치 '교과서 위주로 공부하라'는 진부한 말처럼 들리겠지만 이게 정답이다.

인생의 진리는 심플하다.

무엇을 하지 않을까를 생각하라

당신은 사실 뭘 해야 하는지 알고 있다. 다이어트하는 사람은 뭘 해야 하는지 알고 있다. 적게 먹고 운동을 열심히 하면 된다. 학생은 뭘 해야 하는지 알고 있다. 열심히 공부하면 된다. 식당 주인은 돈을 벌려면 뭘 해야 하는지 알고 있다. 좋은 재료로 맛있는 음식을 정성 들여 만들고 적정한 가격에 최고의 서비스로 진실되게 장사하면 된다. 모든 질문에 대한 답을 알고 있는데 왜 우리는 성공하지 못하는 걸까?

문제는 바로 다른 할 일이 너무 많아서다. '무엇을 할까?'를 생각하지 말고 '무엇을 하지 않을까?'를 먼저 생각하라. 해야 할 일을 미루지 않기 위해서는 '무엇을 하지 않을까?'부터 생각해야 한다.

- 만나지 않아도 되는 사람은 만나지 마라.
- 나가지 않아도 되는 모임에는 가지 마라.
- 꼭 봐야 될 프로그램이 아니면 TV는 켜지도 마라.
- 하지 않아도 되는 약속은 하지 마라.
- 먹지 않아도 되는 음식은 먹지 마라.
- 팔지 않아도 되는 메뉴는 팔지 마라.
- 하지 않아도 되는 후회는 하지 마라.
- 걱정하지 않아도 되는 미래에 대해 걱정하지 마라.
- 읽지 않을 책은 주변에 펼쳐놓지 마라.
- 인생에 도움이 안 되는 부정적인 생각은 하지 마라.
- 늦잠은 자지 마라.
- 하지 않아도 되는 말은 하지 마라. 특히 험담.

자, 하지 말아야 될 행동을 다 정리했다. 그럼 이제 당신의 머릿속에 남아 있는 생각이 있을 것이다. 그 일을 하라. 지금 당장!!!

"그래도 그때가 재미있었어"

낮과 밤이 합쳐져 하루가 된다. 어둠과 밝음이 합쳐져야 온전한 하루가 되는 것이다. 우리 인생도 행복과 불행이 합쳐져 있다. 행복과 불행이 공존해야 완벽한 인생이 만들어진다.

하지만 우리는 '불행'을 싫어한다. 나도 그렇다. 하지만 사실 불행은 없다. 불행은 조금 요란한 행복일 뿐이다. 불행은 우리를 울고 신음하게 만들지만 그뿐이기 때문이다.

한창 방송일로 바쁘게 살던 시절, 난 큰 교통사고를 당했다. 전라남도 해남에서 촬영을 마치고 서울로 올라오다 트럭과 부딪힌 것이다. 당시 잠든 나를 태우고 달리던 매니저가 시속 190킬로미터까지

밟았다고 하니 사고의 충격이 얼마나 컸을지 충분히 짐작할 수 있을 것이다.

사고 직후 병원으로 옮겨졌을 때 의사는 우리 가족에게 마음의 준비를 하라고 말했다. 그만큼 내가 살아날 가능성은 거의 없었다. 온 가족이 울고 소리 지르고 신음했다. 그런데 이 교통사고가 내 인생의 터닝 포인트였다.

기적적으로 목숨은 건졌지만 난 사고 후유증으로 한쪽 눈동자를 움직일 수 없었다. 이런 몸 상태라면 더 이상 방송을 할 수 없었다. 그때 처음으로 내 인생에 대한 진지한 고민을 시작했다. 난 방송이 아닌 다른 어떤 일을 할 수 있을까 생각했다. 혼자만의 생각으로 답을 찾을 수 없었기 때문에 책을 읽기 시작했다. 그렇게 본격적으로 시작한 독서는 이제 3,000권 이상의 독서 내공으로 내 몸에 쌓였고, 난 돈에 휘둘리지 않는 삶을 살아갈 능력을 가지게 됐다.

사고가 아니었다면 나는 책을 만나지 못했을 것이다. 그랬다면 아직 내 길을 찾지 못하고 끌려다니는 삶을 살고 있었을 것이다. 사고 이후 난 내가 가야 할 길을 찾았고 지금까지 1초도 끌려다니지 않으며 행복하게 살고 있다.

아프리카의 어떤 부족은 맹수들을 피해 척박한 땅에서 잠을 잔다.

하지만 그곳엔 먹을 게 없다. 먹을 것을 구하기 위해 강을 건너야 하는데 물살이 너무 세서 자칫 목숨을 잃기 십상이다. 이 부족은 살아서 강을 건너기 위해 무거운 돌을 들었다. 그 무거운 돌이 자신을 살리는 돌이 되었던 것이다.

지금 당신에게 닥친 고통, 당신이 짊어지고 있는 짐은 어쩌면 당신을 살리기 위한 고통이고 짐인지 모른다. 나의 교통사고가 지금의 인생을 만들어준 것처럼, 아프리카 부족이 들고 다니는 무거운 돌이 그들의 목숨을 살리는 돌이 되어준 것처럼 말이다.

그러니 내 인생에 어둠이 있다면 어딘가로 던져버리는 대신 껴안을 줄 알아야 한다. 자신의 짐을 꼭 안아주라. 한자의 밝을 명明 자를 보면 해와 달이 함께 있다. 심지어 달을 뜻하는 월月 자가 더 크다. 우리 인생엔 어둠의 시간이 더 길다. 당연한 일이다. 그래야 한다. 다시 한번 명이란 글자를 보라. 달이 60퍼센트, 해가 40퍼센트 정도 된다. 어둠이 커야 진정한 밝음이 된다.

지나고 나면 모든 것이 아름답다. 하지만 문제는 지금이다. 지금 이 순간 힘들고 아픈 것을 견뎌야 한다. 그런데 여기에도 나만의 방법이 있다. 바로 견디는 방법이 아니라 즐기는 방법을 찾는 것이다.

밤에 노는 걸 좋아하는 사람이 있듯이, 불행이라는 어둠의 시간 속에서 노는 법을 찾아보자. 낮에 노는 것도 좋지만 밤에 노는 것이 더 좋을 때가 많다. 밤에 노는 게 좋은 이유는 어둠이 있기 때문이다. 캠핑 가서 낮에 '불멍'을 하면 매력이 없다. '불멍'은 어둠이 있어야 아름답다. 어둠이 모든 걸 가리고 오로지 불만 보이게 해줘야 그 불을 보면서 나를 돌아보게 된다. 집중이 된다. '불멍'의 매력이다. 불행이라는 어둠이 있어야 앞으로 헤쳐 나가는 맛이 있다.

우리 가족이 명절에 모여서 늘 하는 얘기가 있다. 내가 일곱 살 때 아버지가 돌아가신 이야기, 고1 때 빚에 쪼들려 야반도주했던 이야기, 스무 살 때 방 한 칸에서 나와 누나와 엄마가 같이 먹고 자고 했던 이야기, 나의 교통사고 이야기 등등. 그리고 마지막에 꼭 하는 말이 있다.

"그래도 그때가 재미있었어."

이 말은 진심이다. 인간은 역경을 뚫고 고난을 이겨내고 뭔가를 이룰 때 행복을 느낀다. 반드시 어둠이 배경이 되어줘야 한다.

지금 불행하다고 생각한다면 당신의 시간은 밤이다. 그러니 그냥 밤을 즐겨라. 어둡다고 짜증내고 한탄하지 말고 밤에 맞는 놀이를 찾아라. 놀다 보면 금방 해가 뜬다. '난 계속 어둠이라고, 불행의 연속이라고' 말하는 사람은 놀지 못해서 그렇다. 낮에 할 일을 밤에 하려고

해서 그렇다.

지금 당장 고통스럽고 불행하다면, 그렇게 웅크리지 말고 일어나라. 어둠을 즐겨라. 어둠 속에서 미친 듯이 일을 해보자. 미친 사람처럼 킬킬킬 웃으면서 달려보자. 지금 당신! 웃고 있지 않은가! 그래 그렇게 미소 지으며 어둠을 즐기면 된다.

"돈 뭐 그까잇 꺼 확 벌어주겠어."

당신이 이렇게 말하는 목소리가 내게 들린다. 우리 함께 밤을 즐기자. 당신과 연결되어 기쁘고 행복하다. 진심으로 이 순간 사랑한다고 말하고 싶다.

고3 때 읽은 보들레르의 시를 이제야 이해하겠다.

하루의 종말

어슴푸레 햇빛 아래
삶이, 뻔뻔스레 떠들며
이유 없이 뛰고, 춤추고, 몸을 비튼다.
그리하여 이윽고 지평선에서

쾌락의 밤 솟아올라

허기마저도 다 가라앉히고
수치마저도 다 지워버릴 때
시인은 중얼거린다.

"마침내! 내 정신은, 내 등뼈처럼
열렬히 휴식을 갈구한다.
서글픈 공상 가슴 가득히

나는 등을 대고 드러누워
네 적막 속에 잠기련다.
오, 시원한 어둠이여!"

"아! 시원한 어둠이여!" 밤은 시원하다. 밤은 어둡지만 시원하다.

'오늘'의 법칙

내일은 없다. 내일은 다가올 오늘이다. 그러니 오늘 행복하라. 그것이 매일 행복하게 사는 방법이다.

생각해보라. 사실 우리는 계속되는 오늘을 살고 있다. 어제도 없고, 내일도 없다. 내일은 다가올 오늘이다. 오늘이 지나가면 또 오늘이 오고, 또 그다음 오늘이 오고. 그저 오늘의 반복이다. 누구도 10분 후의 미래조차 살 수 없다. 바로 지금, 이 책을 읽고 있는 이 순간, 오늘을 살 뿐이다. 고로 우리는 오늘 행복할 수 있어야 한다.

오늘 행복하지 못한 사람은 다가올 오늘에도 절대 행복할 수 없다. 돈도 마찬가지다. 오늘 가진 돈으로 오늘 행복하게 사는 방법을 알아야 한다. 오늘 가진 돈이 적다고 불평하며 불행해하는 사람은 다가올 오늘에 천하를 가져도 적다고 불행해할 것이다. 그것이 바로 오늘의 법칙이다.

미래를 믿지 마라. 미래는 아무도 모른다. 누구도 다가올 오늘의 모습을 알지 못한다. 때문에 오늘 행복할 수 있어야 한다. 가진 게 많든 적든 오늘 행복할 수 있다. 마음가짐의 문제다. 방법을 찾으면 누구나 행복할 수 있다.

'난 지금은 불행하지만 열심히 돈을 벌어서 미래의 어느 날 행복해질 거야'와 같은 마음은 당장 버려라. "난 지금 당장 행복해지겠어. 내 환경이 아무리 열악해도 난 행복할 거야. 난 행복할 권리가 있어"라고 외쳐라.

남과 비교하지 말고 남의 눈치도 보지 마라. 지금 당장 어떻게 하면 행복할 수 있을지 스스로에게 물어보라. 행복을 찾아라. 지금 당장 내가 시키는 대로 해보라.

첫째, 자리에서 일어나 360도 회전하면서 빨간색이 몇 군데 있는지 찾아보라.

둘째, 자, 이제 눈을 감고 초록색은 몇 군데 있었는지 떠올려보라.

셋째, 다시 360도 돌면서 초록색을 찾아보라.

아마 본인이 떠올린 것보다 많은 초록색을 발견하게 될 것이다.

우리는 보려고 하는 것만 본다. 스스로 불행하다고 생각하기 때문에 행복을 못 찾는 것이다. 돈이 없어도 행복할 수 있다는 사실을 믿어라. 나를 포함해 수많은 사람이 경험한 사실이니까. 난 돈이 없던 시절부터 이 사실을 알고 행복하게 살았다. 행복하게 살다 보니 돈이 많아졌을 뿐이다. 그때도 행복했고 지금도 행복하다.

행복도 습관이고 불행도 습관이다. 자꾸자꾸 행복하다고 말하라. 우린 죽음의 순간도 오늘 맞이하게 된다. 다가올 오늘을 살다가 죽음을 맞이한다. 오늘 행복할 수 있어야 죽음을 맞는 오늘에도 행복할 수 있다. 부디 미래에 행복하겠다는 생각은 버려라. 그것은 마치 죽은 후에 행복하겠다는 선언과 같다. 왜냐하면 우리에겐 오늘밖에 없기 때문이다. 내일도 없고 미래도 없다. 계속되는 오늘이 있을 뿐이다. 단지 오늘에 달려 있다. 오늘 하루만 생각하고 오늘 하루에 집중하라.

단, '행복하라'를 '즐겨라'로 착각하지 마라. 즐기는 것은 행복의 극히 일부분일 뿐이다. 성취의 행복을 느껴야 한다.

5, 4, 3, 2, 1, 시작!

넬슨 만델라는 이렇게 말했다. “용기란 두려움이 없는 게 아니라 두려움을 극복하는 것이다.”

문제가 있다면 피하지도 미루지도 말고 지금 당장 정면으로 맞서야 한다.

예비 동작이 많으면 안 된다. 금연을 해볼까 생각했다면 당장 시작하라. ‘지금 가지고 있는 담배만 다 피우고, 오늘이 27일이니까 다음 달 1일부터 시작하자.’ 이렇게 생각하면 실패한다.

독서를 결심했다면 당장 서점이나 도서관에 가서 손에 책을 쥐어야 한다. 떠오르는 핑계를 물리칠 수 있어야 한다. 결심한 목표만 바라보고 달려갈 수 있어야 한다. 다른 생각은 하지 말자. 특히 결과는 생각하지 말자. 일단 행동해보고 어떤 결과가 나타나는지 기다려보자.

난 2017년 10월 6일 오전 10시쯤 문득 '1년 365권 읽기에 도전해볼까?'라는 생각을 했고, 5분 후엔 내 손에 《노인과 바다》가 들려 있었다. 비록 1년 동안 365권을 채우지 못하고 230권의 책을 읽었지만, 하루도 쉬지 않고 365일 동안 하루 10시간 이상씩 책을 읽었다.

그렇게 1년 동안 독서에 전념했더니 놀라운 내공이 생겼다. 겨우 1년 지났을 뿐인데 완전히 다른 내가 되어 있었다. 벌어들이는 수입 자체도 이전보다 훨씬 많아졌고 돈을 지배할 수 있는 힘이 생겼다. 돈도 돈이지만 삶의 질이 높아져 스트레스 없는 삶을 살고 있다.

바로 시작할 수 있는 능력을 키워야 한다. 연습하면 된다. 《5초의 법칙》의 저자 멜 로빈스는 '5, 4, 3, 2, 1'이라고 외친 다음 마음먹은 일을 바로 시작한다. 독자 여러분도 한번 해보기 바란다. 아침에 일찍 일어나기로 마음먹었지만 몸이 안 따라줄 때 알람소리가 울리면 5, 4, 3, 2, 1이라고 외친 다음 벌떡 일어나라. 그뿐이다. 다른 생각은 하지 말자.

'아…… 다이어트 중인데. 밥 더 먹으면 안 되는데…….'

그 순간에 5, 4, 3, 2, 1을 외치고 숟가락을 놔버리면 된다. 그뿐이다. 다른 생각은 하지 말자.

복잡하고 심각하게 고민해서 내린 결정보다 짧은 시간 안에 단순하게 내린 결정이 더 좋은 결과를 불러오는 경우가 많다. 말콤 글래드웰은《블링크》에서 짧은 순간에 내린 결정이 더 좋은 결과를 가져온다고 말하며 수많은 역사적 사례를 보여준다.

생각과 행동을 단순하게 만들자. 일을 할 때도 마찬가지다. 어떤 신박한 아이디어가 떠올랐다면 일단 첫걸음을 내딛어라. 행동에 옮기지 않고 주변 사람들에게 조언만 구하느라 허송세월하는 사람들이 있다. '과연 이 아이템으로 돈을 벌 수 있을까? 과연 성공할 수 있을까? 이미 트렌드가 지나간 건 아닐까?'

물론 다른 사람에게 물어볼 수는 있다. 하지만 아무도 대답해줄 수는 없다. 아이디어만 가지고 성공한다, 또는 실패한다를 말할 수 없다.

또 한 가지 바로 도전하지 않는 이유는 실패를 두려워하기 때문이다. 그런데 정말 실패가 두려운 걸까? 아니다. 사실은 실패 자체보다는 실패함으로써 자신의 한계가 드러나는 걸 두려워한다.

인간은 주변 사람에게 자신의 한계를 드러내기 싫어한다. 그보다 더 싫은 것은 스스로 자신의 한계를 알아버리는 것이다. 본인의 한계를 알고 나면 '난 이것밖에 안 되는 사람이야. 이 모습으로 평생 살 수밖에 없어'라고 단정하고 무엇에도 도전하지 않게 된다. 그래서는 안 된다.

객관적으로 나를 평가할 수 있어야 한다. 내 한계를 빨리 알아내고 인정해야 한다. 그 순간부터 얼마든지 발전할 수 있다. 내 한계를 알아내는 방법은 도전하는 것이다. 도전이 성공하면 더 큰 목표를 향해 다시 도전할 수 있게 된다. 그렇게 나아가다 보면 실패하는 순간이 온다. 그 지점이 나의 한계점이다. 거기서 머무르지 말고 나의 능력치를 키우면 된다. 모든 성공한 사람이 이 과정을 거친다.

내 능력이 얼마나 되는지, 내가 얼마나 벌 수 있는지, 결국 내가 누구인지. 모든 독서의 끝이 바로 '나는 누구인가?'에 대한 답을 찾는 것이다. 내 능력의 한계점을 알아내고 그 지점에 도달했다면 거기서 질문을 던져야 한다.

❶ 더 높이 올라갈 것인가?

❷ 이 정도에서 만족하며 살 수 있는가?

어쩌면 인생에서 이 두 가지 질문이 가장 중요할지 모른다. 누구나

타고난 그릇의 크기가 있다. 그릇이 크다고 좋은 건 절대 아니다. 큰 그릇을 채우지 못하면 만족이 없기 때문이다. 반대로 탐욕으로 자기 그릇이 넘치도록 쓸어 담으면 그릇에서 흘러넘친 만큼 스트레스를 받게 된다. 가령 내게 감당이 안 되는 돈은 스트레스다.

가장 좋은 건 내 그릇에 딱 맞게 담는 것이다. 그렇게 살아보고 그릇을 더 키우고 싶으면 그때 키우면 된다. 그릇을 키우지 않은 채 요행으로 돈을 채우게 되면 그 돈은 넘쳐서 쉽게 사라져버린다.

내 한계를 안다는 것은 내 그릇의 크기를 아는 것이다. 그릇의 크기가 바로 내공이다. 내공이란 감당할 수 있는 힘이다. 그러니 자신의 그릇을 더 키우고 싶으면 내공부터 쌓아야 한다.

자, 다시 질문을 던져보자.

❶ 당신 그릇의 크기는 얼마인가?

❷ 그 그릇을 채웠는가?

❸ 채웠다면 더 큰 그릇을 원하는가? 아니면 그 그릇에 만족하는가?

❹ 아직 못 채웠다면 어떻게 채울 수 있을까?

일단 자기 그릇의 크기를 알아내고 그 그릇부터 채워라. 모르겠다면 이렇게 질문을 던져보라.

'나는 얼마짜린가? 지금 얼마를 벌고 있는가?' 1년에 3,000만 원을 벌고 있다면 또 질문을 던져라. '난 3,000만 원에 만족하며 살 수 있는가?' 당연히 만족하지 못할 것이다. '그렇다면 얼마를 원하는가?' 허황된 액수가 아닌 자신의 능력치를 스스로 평가해서 금액을 적어보라. 그 방법은 본인이 찾아야 한다. 비슷한 사람과 비교해도 좋고 책을 통해 찾아내도 좋다. 모든 걸 내려놓고 이것 먼저 알아내라.

자, 이제 시작해보자. 당신은 얼마를 목표로 할 것인가? 너무 막연한가? 그렇다면 일단 지금 수입의 2배를 목표로 잡아보자. 내 몸값을 지금의 2배로 키우겠다고 목표를 세워라. 목표를 세웠으면 '내 몸값을 2배로 높이려면 어떻게 해야 할까?'라고 자신에게 질문을 던지며 책을 읽는 것에서부터 시작하자. 지금 당장 시작하라. 아니 당신은 이미 시작했다.

행복의 비결은 딱 두 가지다

돈이 굉장히 많은데도 "왜 이렇게 사는 게 재미없지?"라고 말하는 사람들이 있다. 성장을 멈춰서 그렇다. 돈이 많기 때문에 소비하고 즐기는 데만 초점을 맞출 뿐, 성장하려고는 하지 않는다.

토니 로빈스가 쓴《흔들리지 않는 돈의 법칙》에는 이런 말이 나온다. "행복의 비결은 딱 두 가지, 성장과 감사다."

성장은 늘 행복을 동반한다. 성장하는 사람은 오늘 하루, 뭘 해야 하는지 아는 사람이다. 성장하는 사람은 시간에 끌려가지 않는다. 시간을 지배한다. 성장하는 사람은 가슴에 열정과 희망이 가득하다. 실패와 고난의 순간에도 행복할 수 있으면 모든 순간 행복할 수 있다.

그렇기 때문에 성장은 행복을 동반한다고 말한 것이다.

항상 행복할 수 있는 또 하나의 비결은 감사다. 고난과 실패가 성장의 원동력이 될 수 있음에 감사하다. 고난 중에도 감사할 거리는 얼마든지 있다.

난 지금 251일째 매일 100번씩 감사하다고 외친다. 심지어 "감사하다고 외칠 수 있어서 감사합니다"라고도 외친다. 그렇게 외친 후 251일 동안 단 한순간도 우울한 적이 없다(믿기 어렵다면 내 인스타그램을 보면 그 기록이 남아 있다).

주변에서 감사한 것을 찾아보라. 모든 것이 감사하고 모든 것이 축복이다. 일단 그냥 '감사하다'고 외쳐라. 반복해서 외치다 보면 진심으로 감사한 마음이 솟아난다. '감사하다'고 외치는 순간 눈에 보이는 모든 것에 감사함을 느끼게 된다.

장사가 안 될 때도 감사하라. 손님이 없어 여유로울 때 대박을 터뜨릴 새로운 메뉴를 개발할 수 있음에 감사하라. 손님이 없을 때 책을 읽을 수 있음에 감사하라. 감사는 행동을 유발한다. 가만히 있지 못하게 만든다.

성장과 감사는 삶의 원동력이다. 성장과 감사만 있으면 돈은 얼마든지 따라온다. 돈이 많다고 행복한 것은 절대 아니다. 성장과 감사를 이해하면 돈은 필요한 만큼 알아서 들어온다. 성장의 기쁨을 느껴보라. 감사의 평온함을 느껴보라. 성장과 감사가 있으면 부정적인 생각이 들어올 틈이 없다.

지금 당신의 생활이 마음에 들지 않고 뭔가 불안하고 답답하다면 두 가지를 체크해보라.

❶ 나는 매일 성장하고 있는가?

❷ 나는 매일 진심으로 모든 것에 감사하고 있는가?

잘 안 될 땐 '반대로' 법칙

우리는 사실 어떻게 하면 성공하는지 알고 있다. 본인이 하고 싶은 것을 반대로 하면 된다.

사람들은 어떻게 하면 식당이 잘되는지 안다. 그런데 그렇게 하지 않고 반대로 하기 때문에 실패한다.

실패하는 식당은 좋은 재료를 사용해야 한다는 것을 알면서도 이윤을 더 남기기 위해 질이 나쁜 재료를 사용한다. 실패하는 식당은 손님들을 친절하게 대해야 한다는 것을 알면서도 자기 몸이 편하고자 친절을 게을리한다. 실패하는 식당은 청결해야 한다는 것을 알면서도 유지비가 많이 든다는 이유로 청결을 유지하지 않는다. 실패하는 식당은 길게 보고 오랫동안 장사해야 한다는 것을 알면서도 조급한 마음에 눈앞의 이익을 먼저 챙긴다.

이렇게 생각하면 된다. 갑자기 실행에 옮기고 싶은 충동적인 생각은 대부분 나에게 해로운 반면, 천천히 해도 된다며 자꾸 미루는 생각은 나에게 이롭다. 그래서 우리는 청개구리가 되어야 한다. 갑자기 생기는 충동적인 감정은 실행에 옮기지 말고 참아야 한다. 우리 안에서 일어나는 대부분의 욕망을 반대로 실행하면 성공한다.

- 카페에서 달달한 게 당길 땐 '반대로' 건강한 음료를 마셔라.
- 좀 더 자고 싶을 땐 '반대로' 바로 일어나라.
- 술 한 잔 더 마시고 싶을 땐 '반대로' 바로 술자리에서 일어나라.
- 좀 더 먹고 싶을 땐 '반대로' 숟가락을 내려놓아라.
- 패스트푸드가 먹고 싶을 땐 '반대로' 건강한 음식을 먹어라.
- 이윤을 많이 남기고 싶을 땐 '반대로' 좋은 재료로 장사하라.
- 고객에게 화가 날 땐 '반대로' 더 친절하게 대하라.
- '이보다 더 좋은 조건의 가게는 없어'라고 생각될 땐 '반대로' 다른 가게들을 한 바퀴만 더 돌아보자.
- '아! 정말 마음에 안 들어'라는 생각이 들 땐 '반대로' 그 사람의 장점을 찾아보자.

- 막 돈이 쓰고 싶을 땐 '반대로' 우량주를 한 주 사자.
- 세금, 자산 등 단어만 들어도 머리가 아플 땐 '반대로' 더 공부해보자.
- '이 정도면 완벽해'라고 생각될 땐 '반대로' 한 번만 더 연구해보자.
- '여기까지만 읽고 자야겠다'라고 생각될 땐 '반대로' 한 쪽만 더 읽어라.
- 사람에게 속아서 화가 날 땐 '반대로' 용서하라.
- "저놈 때문에 일이 잘못됐어"라는 말이 나오려 할 땐 '반대로' 자기 탓으로 돌려라.

여기까지 읽고 '설마 이렇게 한다고 성공하겠어?'라고 생각했다면 반대로 외치고 '그래 한번 해보자'라며 실행에 옮겨라.

청개구리는 반드시 성공한다. 욕망을 지배할 수 있기 때문이다.

2

承

지속가능한 흐름을 만드는 장사 내공

10년째 10억 매출이 가능한 이유

2020년은 자영업자들에게 최악의 한 해였다. 아무런 준비 없이 인원수 제한, 영업시간 제한이라는 전례 없는 사회적 거리두기와 맞닥뜨렸다.

이례적인 상황 속에서도 내가 운영하는 가게는 2020년에 평년 대비 20퍼센트 정도 매출이 줄었다가, 2021년엔 오히려 평년 대비 20퍼센트 매출이 늘어 12억 원을 기록했다. 어떻게 이토록 힘든 시기에 오히려 성장할 수 있었을까.

코로나19를 이겨낼 수 있었던 가장 큰 이유는 네 번의 실패를 겪고 지금의 가게를 시작할 때 트렌드를 공부하며 신중하게 업종을 선택한 것이다. 장사를 해야겠다고 마음먹고 업종을 고를 당시, 난 책을 읽으며 모든 트렌드를 분석했다. 그리고 이런 업종을 골라야겠다고 다짐했다.

첫째, 건강에 대한 사람들의 관심은 계속 높아질 것이다. 무조건 건강에 도움이 되는 업종을 하자.

둘째, 인건비가 점점 오를 것이다. 정상 영업 외의 시간에는 특별 수당을 줘야 하니 무조건 정상 영업시간에 장사를 하자.

셋째, 1, 2년 반짝하는 게 아니라 유행을 타지 않고 오래도록 사랑받을 수 있는 업종을 하자.

넷째, 지구온난화가 심해지기 때문에 이왕이면 겨울 장사보다는 여름 장사를 하자.

전 세계가 유례없는 팬데믹을 겪으며 건강에 대한 관심이 부쩍 높아졌다. 이왕이면 건강에 도움이 되는 음식을 먹고 싶어 한다. 내 메밀국수 가게가 잘된 이유다.

또 우리 가게의 영업시간은 오전 11시부터 오후 8시까지다. 사회적 거리두기 정책으로 인한 영업 제한이 시행될 때도 전혀 영향받지 않았다.

이 두 가지가 코로나를 이겨낼 수 있었던 가장 큰 이유다. 코로나19와 같은 사태가 언제 또 일어날지는 모른다. 하지만 이제 겪어봤으니 이왕이면 이런 제한 사항들을 피해 갈 수 있는 업종을 선택하면 좋겠다.

또 하나 중요했던 비법은 끌어당김의 법칙이다. 코로나가 시작되면서 하루도 안 빠지고 가게에 출근해 더욱 열심히 일했고, 책도 더 열심히 읽었다. 이런 노력이 뭔가를 끌어당겼다. 이건 나 혼자 경험한 것이 아니라 끌어당김의 법칙을 아는 모든 사람이 이런 방법으로 성공했다.

2021년 초에 「서민갑부」 팀의 연락을 받고 촬영을 했다. 우리 가족이 함께 진심으로 음식을 만드는 모습이 방송으로 나갔고, 덕분에 코로나 중에도 사람들이 매일 줄을 서는 가게가 됐다. 방송에 나간 모습이 평상시 우리 가족의 모습이다. 우리는 항상 준비돼 있었던 것이다.

혹자는 "당신은 개그맨이기 때문에 섭외가 간 거죠"라고 쉽게 말하지만 과연 그럴까. 내가 개그맨이라 그렇게 된 거라 생각한다면, 당신 역시 당신만의 재능을 활용해 끌어당김의 법칙을 만들면 된다. 「백종원의 골목식당」에 출연한 연돈 돈가스 사장님이 유명인이라 그렇게 된 것일까. 아니다. 그 역시 자신의 재능으로 「백종원의 골목식당」을 끌어당긴 것이다.

세상에는 끌어당김의 법칙이 있다. 그 법칙은 소위 임계점을 돌파하는 순간 누구에게나 적용된다.

임계점이란 원래 과학 용어로서 어떤 물질의 상태가 변하는 순간을 뜻한다. 가령 물이 수증기로 변하는 섭씨 100도가 바로 임계점이다. 섭씨 99도까지는 변화가 없던 물이 단 1도가 올라가는 순간 수증기로 변하는 것이다.

내 경우 병원에서 책을 50권 정도 읽었을 때 첫 번째 임계점을 돌파하는 느낌을 받았다. 그 후로도 평균 50권 정도의 독서량이 추가될 때마다 임계점이 깨지면서 내공이 한층 더 쌓이는 걸 느꼈다. 매일 외치는 아침 긍정 확언 역시 마찬가지다. 아침 긍정 확언을 50일 정도 외쳤을 즈음 나는 원하던 일이 이뤄지는 경험을 했다.

이렇게 반복되는 행동이 시간과 함께 쌓이면 임계점이 돌파되고 내 몸값도, 내 삶의 질도 한층 높여주는 내공을 얻게 된다.

임계점을 돌파해 내공이 쌓이면 손님도 끌어당길 수 있다. 내가 골목 끝자락 어디에서 장사를 해도 손님을 끌어당길 수 있도록 내공을 키워야 한다. 그냥 요행으로 끌어당김의 법칙이 만들어지는 것은 아니다. 방송에 나온 모든 식당이 대박이 나지 않듯 요행은 없다.

창업 전
점검해야 하는 것

대통령 후보가 있다. 당신은 누구에게 투표할 것인가? 1번인가, 2번인가? 이렇게 물어보면 꼭 이렇게 되묻는 사람이 있다.

"넌 누구 찍을 건데?"

중국집에 가서 주문할 때도 "넌 짜장 먹을 거야, 짬뽕 먹을 거야?"라고 물으면 "너는?"이라고 되묻는 사람들. 제발 그러지 마라. 스스로 판단하고 결정하는 연습을 하라. 연습하면 된다.

나는 스스로 판단하고 결정할 수 있는가? 창업 전 내게 제일 먼저 던져야 할 질문이다.

스스로 판단하지 못하고 남에게 물어보는 것도 습관이다. 특히 사람들은 돈이나 지위에서 자기보다 우위에 있는 이의 말은 무조건 믿는 경향이 있다. 이런 사람들은 사업을 할 때 다른 이의 말에 휘둘린다. 자기 사업인데도 다른 사람들이 이끄는 방향으로 간다.

실패를 해도 내가 결정하고 내가 책임지면 다시 일어날 수 있다. 가장 안 좋은 게 남의 말을 듣고 사업하다 실패한 후 모든 것을 남들 탓으로 돌리는 자세다. 이런 사람은 또 실패할 확률이 높다. 스스로 결정하지 못한다는 건 자신을 믿지 못한다는 말이다. 이런 상태에서 창업하면 절대 안 된다.

제일 먼저 자신을 믿는 마음을 만들어야 한다. 자신을 믿는 마음은 실력을 쌓아야 생긴다. 독서를 통해 정신적으로 실력을 쌓은 다음 사소한 것부터 스스로 결정하고 책임지는 훈련을 해야 한다.

결정을 내리는 속도도 빨라야 한다. 짬뽕이냐 짜장이냐를 고르는 데 한 시간이 걸린다면 아무도 당신과 식사를 같이 안 한다. 어떤 안건에 대해서 심사숙고하는 건 좋지만 너무 오래 걸리면 안 된다. 깊고 빠르게 생각하고 판단하는 연습을 하라.

결정을 내렸으면 스스로 책임지는 연습을 하라. 짬뽕을 시켰는데 맛이 없다고 옆 사람의 짜장을 뺏어 먹지 마라. 묵묵히 본인이 시킨 짬뽕을 책임지고 먹어라. 훈련이다.

이렇게 하나씩 하나씩 스스로 결정하고 책임지는 훈련을 하라. 사람들과 함께 있을 때 망설이지 말고 스스로 당당하게 선택하는 모습을 보여주라. 이런 모습이 사람들에게 신뢰감을 준다. 내 주변에 성공한 사람들을 보면 이기적으로 보일 만큼 자신의 의견을 정확하게 말한다. 나도 트리플 에이형이라 "그냥 남들 먹는 거 먹을게"라고 말하며 살아왔지만 지금은 안 그런다. 정확하게 먹고 싶은 것을 누구보다 빠르게 얘기한다. 성격이 원래 그래서 말을 못 한다고 하지 마라. 누구나 연습하면 할 수 있다. 그리고 창업을 하려면 반드시 이 연습을 해야 한다.

창업뿐 아니라 인생 전체를 위해서도 연습해야 한다. 내가 좋아하는 일을 해야지, 남이 좋다는 일을 하면 안 된다. 남의 말에 끌려다니는 순간 인생의 악순환이 시작된다. 모든 것을 선순환으로 만드는 첫걸음이 스스로 결정하고 책임지는 능력을 기르는 것이다.

돈을 벌 때도 "벌리는 만큼 벌 거야"라고 하지 말고 정확한 목표를 스스로 정하라. 100억이면 100억, 1조면 1조. 결정하고 시작하는 사람이 선순환을 일으킨다. 그저 많이 벌리기를 기다리는 사람은 돈에 끌려다니게 된다. 악순환이 시작되는 것이다.

걱정하지 말고 선택하라. 내 인생을 선순환으로 만드는 방법이다.

장사의 육하원칙

우리가 흔히 알고 있는 육하원칙의 순서는 이렇다.

❶ 누가

❷ 언제

❸ 어디서

❹ 무엇을

❺ 어떻게

❻ 왜

하지만 장사의 육하원칙은 순서가 다르다.

❶ 누가

❷ 왜

❸ 무엇을

❹ 어떻게

❺ 어디서

❻ 언제

여기서 주목해야 할 것은 '언제'와 '왜'의 순서다. '언제'가 가장 늦게 나오는 이유는 모든 것을 준비한 후에, 즉 내공을 쌓은 후에 시작해야 하기 때문이다. 그리고 '왜'가 두 번째로 올라온 이유는 장사를 시작하기 전에 장사 철학을 먼저 세우는 것이 중요하기 때문이다.

❶ 누가

내가 할 것인가, 누군가에게 시킬 것인가? 내가 한다면 나 혼자 할 것인가, 아니면 누군가와 함께할 것인가? 아니면 나와 기계가 함께할 것인가? 이제 기계도 사람으로 생각해야 한다. 직원을 고용할 때 반드시 사람 또는 기계를 생각해야 한다.

❷ 왜

'왜'를 가장 많이 고민해야 한다. 장사를 왜 하는가? 당연히 장사를 하는 모든 사람은 돈을 벌고자 한다. 반복해서 얘기하지만 돈을 목적으로 장사를 하면 진짜 돈이 벌리지 않는다. 이건 통계적으로 그렇다.

가치를 만들어야 한다. 타인과 국가와 지구를 위해서 가치를 만들면 돈은 저절로 벌린다. 왜 장사를 하는가라는 질문에 나는 어떤 가치를 만들 것인가로 답하라. 지금 당장 이 질문의 답을 만들기 시작하라. 그리고 창업 전에 반드시 '나는 이런 가치를 세상에 만들겠다'는 철학을 가슴에 품어라.

예를 들면 '나는 형편이 어려운 사람들이 굶지 않게 만들겠다', '나는 세계에서 가장 맛있고 비싼 음식을 만들어 K-푸드를 세계에 알리고 외화도 벌어들이겠다'와 같이 말이다.

❸ 무엇을

가치를 만들기로 결심했다면 무엇으로 가치를 만들 것인지 고민하라. 당신의 무기는 무엇인가? '왜'가 결정되면 다양한 무기들 중에서 선택할 수 있다. 반면에 '무엇을'을 먼저 결정하면 한 가지 아이템에 갇혀 우물 안의 개구리가 되기 십상이다.

요식업을 시작하는 대부분의 사람들이 '무엇을'을 먼저 결정하고 '왜'는 아예 고민조차 하지 않는다. '왜'는 당연히 '돈을 벌기 위해서'라고 생각하기 때문이다. 그래선 안 된다. 반드시 '무엇을' 전에 '왜'가 만들어져 있어야 한다. 기업들이 신년에 새로운 비전을 제시하는 이유가 있다. 비전 없이 달려가는 기업은 작은 파도에도 쉽게 방향을 잃어버리기 때문이다.

'무엇을'을 결정할 때는 반드시 트렌드를 읽을 줄 알아야 한다. 흑당 밀크티나 마라탕처럼 한순간에 사라지는 '무엇을'을 선택하면 안 된다. 코로나 이후에 사람들의 소비 움직임은 어떻게 될 것인가? 고령화, 저출산, 1인 가구, 핵가족을 키워드로 소비자에 대한 이해도는 충분한가? 10년 후 코로나 같은 팬데믹이 다시 왔을 때도 내가 파는 '무엇을'은 잘 팔릴 것인가? 영업시간 제한에 대한 준비는 돼 있는가? 점점 온난화되는 기후에 내 '무엇을'은 잘 맞는가? 이런 흐름을 읽을 수 있는 눈을 가져야 한다.

❹ 어떻게

어떻게 팔 것인가는 결국 시스템이다.

맥도날드 같은 자동화 시스템, 백반집 같은 장인 정신과 수제 제작, 매장 또는 배달, 또는 둘 다, 밀키트, 무인 시스템, 홈쇼핑, 라이

브커머스, 인터넷 쇼핑몰, SNS, 방문 판매 등등 당신이 동원할 수 있는 모든 '어떻게'를 생각하라.

새로운 '어떻게'를 만들어낸다면 대박이다. 미래의 사회를 그려보자. 디지털, 자율주행, 인공지능, 빅데이터, 사물인터넷, 양자컴퓨터, 비대면, 재택근무, 안전에 대한 갈망 같은 다양한 변화 속에서 나만의 '어떻게'를 만들어보자. 이것이 시스템이고 플랫폼이다. 우린 모두 하나 이상의 플랫폼을 가져야 한다.

역으로 원시적인 시스템에서 답을 찾을 수도 있다. 농업, 어업 같은 것들 말이다. 맥도날드가 아무리 자동화 시스템을 소리 높여 외쳐도 농업과 어업이 없다면 존재할 수 없다. 스타벅스도 마찬가지다. 요식업으로 가치를 만들려면 농업과 어업에 대해 누구보다 잘 알아야 한다. 그래서 난 수산시장에 자주 간다. 최근 3년 동안 일주일에 두 번씩은 노량진 수산시장에 갔다. 그것도 새벽 3시에. 하루 30분만 돌아보면 지금껏 생각지도 못한 '무엇'들을 얻게 된다.

❺ 어디서

요즘 또 다른 세상이 하나 더 생겼다. 메타버스로 대표되는 가상공간이다. 가상의 공간이지만 실제로 돈이 만들어진다. 그러니 반드시 또 다른 세상에 대해서 알아야 한다. 공부해야 한다. 뒤처지면 안 된다. 세상의 변화는 점점 더 빨라진다. 한번 놓치면 영원히 뒤처진다. 여기서 뒤처지면 돈에서도 뒤처진다. 하지만 무서워하지는 마라. 책을 읽으면 된다. 이해가 안 되면 인터넷 강의를 보고 들어라. 그래도 모르겠으면 학원에 가라.

❻ 언제

'언제'가 여섯 번째인 이유는 답이 하나로 정해져 있기 때문이다. '지금 당장, 늘'이다. 이 모든 걸 지금 당장 시작하고 늘 생각하라. 절대 미루지 마라. 부탁한다. 미루지만 마라. 그러면 모든 것이 해결된다. 지금 당장 시작하려면 빠르게 판단할 수 있는 내공이 있어야 한다. 당신의 선택에 스스로 믿음이 갈 수 있도록 내공을 쌓자.

틀려도,
예측은 필요하다

난 1997년 MBC에 입사했다. 2000년에는 방송국에 다니면서 옥션에 지원해 마케팅팀 대리로 합격했다.

내가 옥션에 근무하던 시절에 처음으로 프로게이머와 경기를 할 수 있는 권리를 판매한 적이 있다. 그때 신문에 '무형의 물건마저 파는 옥션'이라는 기사가 났었다. 당시 이금룡 회장님이 그 기사가 실린 신문을 들고 마케팅팀으로 달려와 "고 대리 어디 있어? 고 대리!" 하며 나를 찾으셨다. 그러고는 나를 껴안으며 말씀하셨다.

"고 대리가 예전에는 존재하지 않았던 시장을 새로 하나 만들었어! 이건 정말 대단한 일이야."

그때 만들어진 시장은 그야말로 구멍가게 수준이었지만, 지금은 본격화되어 때로는 실제 세상보다 가상의 세상에서 돈을 더 많이 벌게 되었다.

메타버스, NFT. 이게 뭔지 정확하게 설명할 수 있는가? 현실에서 체감해본 적은? 난 메타버스와 NFT를 책으로 배웠다. 독서를 하지 않았다면 절대 몰랐을 것이다. 또 하나의 시장이 열렸다. 아니 또 하나의 세계가 열렸다.

당장 준비해야 한다. '난 처음 들어봤는데' 하는 사람도 괜찮다. 아직 들어보지 못한 사람보단 당신이 빠르지 않은가. 지금부터 준비하면 된다.

트위터, 인스타그램 등을 안 하는 사람도 지금까지는 사는 데 큰 문제가 없었다. 하지만 이제는 메타버스와 NFT를 모르면 또 하나의 세상으로 입장조차 할 수 없다. 현실 세계보다 더 많은 돈이 오가는 그 세상에서 단 1원도 내 통장으로 가져올 수 없다. 먼저 자리 잡는 사람만이 어마어마한 부를 선점하게 된다.

그렇다면 현실 세계는 어떻게 될까? 요식업에서 가장 많은 사람이 관심을 갖는 커피 시장을 내가 예측해본다면 이렇다. 2018년 3월에 미국 법원이 스타벅스, 던킨도너츠 등 90개 커피 회사를 상대로 '발암물질 경고 표시'를 하라는 판결을 내렸다. 커피 원두를 볶을 때 발생하는 아크릴아마이드가 발암물질에 해당한다는 것이다. 아크릴아마이드는 탄수화물을 섭씨 120도 이상의 온도로 가열할 때 발생하는 발암물질이다. 스타벅스 커피는 강배전(커피 볶는 시간을 늘려서 쓴맛과 달콤한 맛은 드러나고 신맛은 줄인 것) 커피다. 그 어떤 커피보다 검고 쓰다. 커피도 콩인데 이렇게 검게 태우면 몸에 해로울 수밖에 없다. 발암물질이 들어 있는 커피라고 알려지면 소비자들이 급속도로 줄어들 것이다.

그렇다면, 사람들이 커피를 안 마실까? 아니다. 약배전 커피가 있기 때문이다. 약배전 커피는 원두의 맛을 최대한 살리기 위해 약하게 볶은 커피다. 난 앞으로 약배전 커피가 대세가 될 것이라 생각한다. 발암물질은 인간이 가장 싫어하는 물질이다. 따라서 검고 쓴 커피를 마시는 사람들은 점점 사라질 것이다. 스타벅스도 아마 반드시 약배전 커피를 준비할 것이다.

물론 이런 예측이 틀릴 수도 있다. 하지만 미래를 예측할 수 있는 사람과 틀린 미래조차 볼 수 없는 사람은 삶의 질이 다르다. 독서와 사색을 통해 사유의 시선이 높아지면 남들보다 좀 더 먼 미래를 내다볼 수 있다. 이 역시 책의 힘이다. 나 같은 개그맨이 책을 안 읽었으면 커피 시장을 어떻게 내다볼 수 있으며, 강배전, 약배전, 아크릴아마이드가 뭔지 어떻게 알았겠는가.

인간이 그려나갈 무늬를 예측해보라. 틀릴 때도 있고 맞을 때도 있다. 그런데 계속 예측하다 보면 맞아떨어지는 횟수가 점점 늘어나고 어느 순간 본인이 좋아하고 관심 있는 분야는 정확하게 예측할 수 있게 된다. 이런 내공이 생겼을 때 그 분야에서 사업을 시작하면 된다. 그러면 돈은 저절로 따라온다.

단순한 것이 강하다

애플이 세계 최고가 될 수 있었던 이유는 심플함이다. 언어, 나이대, 경험치가 달라도 누구든 알아볼 수 있는 단순함. 단순하다는 것은 고민할 필요가 없다는 말이다. 복잡하면 고민하게 된다. 살까 말까를 고민하는 것이다. 그래서 복잡함보다 단순함이 좋다.

애플의 심플함은 장사에도 적용된다. 가령 메뉴를 생각해보자. 식당은 메뉴를 줄여야 한다. 궁극적으로 한 가지 메뉴만 팔 수 있다면, 평생 돈 걱정을 안 해도 된다.

보통 주 메뉴에 자신 없는 사람들이 자꾸 부 메뉴를 추가한다. 맛이 부족한 주 메뉴를 보충하려고 부 메뉴를 추가하는 것이다. 하지만 장사에 성공하려면 주 메뉴만으로 승부를 내야 한다.

메뉴가 늘어날수록 복잡해진다. 재료도, 사람도, 일도 복잡해진다. 복잡하다는 건 경비가 많이 들어간다는 말이다. 열 가지 메뉴로 10억 매출을 올리는 것보다, 한 가지 메뉴로 5억 매출을 올리는 편이 돈을 더 많이 벌 수 있다. 한 가지 메뉴라면 시스템도 단순해진다. 시스템이 단순해야 확장할 수 있다. 복잡하면 확장할수록 더 많은 돈이 들어간다. 아니 복잡하면 시스템이 아니다.

보통 사장님들은 삼겹살을 파는 집에서 된장찌개도 꼭 팔아야 된다고 생각한다. 손님들이 된장찌개도 없냐며 화내는 모습이 눈에 선해서 두렵다. 거기에 커피 자판기가 없으면 왠지 손님이 안 올 것 같다. 낙지볶음을 팔려면 돈가스도 같이 팔아야 될 것 같다. 아이들과 함께 오는 손님들이 아이들을 위해 매운 낙지볶음 대신 돈가스를 찾을 것 같다.

모든 손님의 입맛을 맞추려고 하면, 점점 더 복잡해진다. 복잡함은 결국 비용이다. 남는 게 없다. 결국 문을 닫게 된다.

복잡함의 유혹을 거부할 수 있어야 한다. 나 역시 지금 열한 가지 메뉴를 팔고 있는데, 다섯 가지로 줄이려 한다. 지금은 국밥과 돈가스를 같이 팔고 있지만 메밀국수 이외의 메뉴들은 없애려 한다. 어쩌면 당장은 손님이 줄어들 수도 있다. 하지만 메밀국수 전문점이라는 인식이 확실히 새겨지면 더욱 오래 장수하는 브랜드가 될 것이다.

현재 내 가게는 1년에 12억 원 정도의 매출을 올리고 있다. 만약 메뉴를 줄이면 처음엔 매출이 10억 원 정도로 줄어들 것이다. 하지만 인건비 등 모든 비용을 고려하면 순수익은 12억 원의 매출을 올릴 때보다 많을 것이다. 메뉴가 단순화되면 인건비가 줄어들고, 일하는 시간도 줄어든다. 원재료를 구매할 때도 단일 품목을 대량 구매하면 비용이 줄어든다. 가게에 오는 손님이 줄어 가게가 덜 붐비게 되니 서비스도 좋아진다. 한 가지 메뉴에 정성을 쏟으니 시간이 지나면 손님은 더 늘어날 것이다. 길게 보면 메뉴를 줄이고 집중하는 게 오랫동안 돈을 벌 수 있는 방법이다.

인건비도 중요하다. 이제 인건비 싸움이다. 그러니 혼자 하면 된다. 혼자 할 수 있다. 혼자 할 수 있는 음식을 팔면 된다.

인원을 늘리기는 쉽다. 메뉴를 늘리기도 쉽다. 줄이는 게 어렵다. 늘리는 건 나중에 얼마든지 할 수 있다. 아니 저절로 늘어난다. 어떻게든 줄이겠다는 목표를 가져라.

많은 인원이 많은 종류의 음식을 파는 것보다, 혼자 한 가지 메뉴를 파는 게 훨씬 성공 가능성이 높다. 혼자 할 수 없다면, 메뉴를 줄여라.

두려워 마라. 혼자 할 수 있다. 혼자 하기 힘들 정도로 손님이 온다면 즐거워하라. 그리고 파트타임으로 직원을 쓰면 된다. 그래도 힘들 정도로 손님이 많이 오면 더 즐거워하라. 그때는 정직원을 한 명 고용하면 된다. 처음엔 무조건 혼자 시작하라. 그래야 모든 것을 배울 수 있다. 배움의 기회를 다른 사람에게 주지 마라.

매력적인 식당을 만드는 4가지 방법

"제품이 엉망이에요. 더 이상 매력을 찾아볼 수 없어요."

애플을 떠났다가 11년 만에 복귀한 스티브 잡스가 했던 말이다. 난 이 말이 이렇게 들린다.

"메뉴가 엉망이에요. 먹고 싶은 음식을 찾아볼 수 없어요."

내가 하려는 식당의 메뉴는 무조건 매력적이어야 한다. 맛있든가, 신기하든가, 예쁘든가, 가성비가 좋든가, 유일하든가, 엄청난 스토리를 담고 있든가! 어떻게든 매력을 발산해야 한다.

내 식당의 매력은 어떻게 찾을 수 있을까. 고객의 입으로 맛을 볼 수 있어야 한다. 고객의 눈으로 분위기를 느낄 수 있어야 한다. 고객의 마음으로 내 가게를 평가할 수 있어야 한다. 당신의 가게에서 손님과 똑같은 과정을 거쳐 식사를 해본 적이 있는가? 본인의 가게에 손님처럼 입장하고 주문하고 계산하고 먹어보라. 처음엔 웃음이 나오겠지만 어느 순간 진지해진다. 그리고 보인다. 내 가게의 매력이.

매력을 만들려면 첫 번째, 맛있어야 한다. 식당은 일단 맛있어야 한다. 내 음식의 점수가 90점 이상이 되지 않으면 절대 창업하지 마라. 지인들에게 테스트하는 것도 좋지만 스스로 점수를 매길 줄 알아야 한다.

난 내가 파는 메밀국수의 점수가 딱 90점이라고 생각한다. 그리고 99점이 되기 위해 노력한다. 90점이 넘으면 1점 올리기가 힘들다. 난 99점이 되기 위해 메뉴를 줄이고, 메뉴당 집중도를 높이려 한다. 한 가지에만 집중하는데 어떻게 맛이 없을 수 있겠는가.

또 모든 재료를 국산으로 교체할 것이다. 원재료비가 상승하겠지만, 충분히 수익을 낼 수 있다. 메뉴가 줄어들면 인건비도 줄어들기 때문이다. 결국 메뉴를 한 가지로 줄인다면 100년 가게를 만들 수 있다.

두 번째, 음식 사진은 무조건 맛있게, 예쁘게 나와야 한다. 항상 인스타그램의 음식 사진들을 봐야 한다. 자주 봐야 감각이 살아난다. 요즘 고객들이 어떤 음식 사진을 찍고 좋아하는지 보라. 맛과 상관없이 사진 때문에 꼭 가봐야 할 가게로 꼽히는 식당들이 있다. 음식을 만들어 사진을 찍어보라. 최소한 본인이 보기에 매력적이어야 한다. 최소한이다. 사진을 찍고 본인도 고개를 갸우뚱한다면 그건 아니다. 사진을 찍어 단체대화방에 설명 없이 올려보라. 10명 중에 일곱 명은 "우와 먹고 싶다", "예쁘다", "가고 싶다", "어디야?" 등의 반응을 보여야 한다.

세 번째, 스토리가 있어야 한다. 똑같은 점수의 동일 메뉴라면 스토리가 있는 집이 이긴다. 오래간다. 식당 간판에 '할매'를 그렇게 많이 갖다 쓰는 이유가 바로 스토리 때문이다.

손님들의 얘기에 귀를 기울여라. 그 속에 스토리가 있다. 본인이 억지로 만든 스토리는 공감을 얻지 못한다. 내가 처음에 밀었던 스토리는 '연예인이 직접 요리하는 가게'였다. 하지만 손님들이 얘기하는 스토리는 달랐다.

내 가게의 스토리는 '가족이 늘 함께하니까 음식이 맛있다'다. 다음은 내가 들은 손님들의 대화다.

"고명환 씨 어머니가 식당을 오래 하셨대."

"어머, 지금도 늘 함께 요리하시네."

"가족이 같이하니까 이런 음식을 만들 수 있는 거야."

지금 내가 만들고 있는 스토리는 '100퍼센트 국산 재료, 100퍼센트 손으로 만드는 메밀국수'다. 모든 음식을 100퍼센트 국산 재료로 만들 필요는 없다. 내 경우는 메밀국수이기 때문에 국산 재료로 하겠다는 것이다. 스파게티나 쌀국수를 100퍼센트 국산 재료로 만들 필요는 없다. 내가 만드는 음식에 필요한 스토리를 만들면 되기 때문이다.

네 번째, 유일해야 한다. "이 음식은 이 집에서만 먹을 수 있는 거야." 이거 하나면 스토리도 된다. 사람들이 사진도 마구 찍을 것이다. 유일하니까. 어려운 길이다. 하지만 불가능하지는 않다.

한번 생각해보자. 내가 만들 수 있는 세상에서 유일한 음식이 뭐가 있을까. 가장 쉬운 길은 정성이다. 어떤 음식에든 남들에게는 불가능한 정성을 쏟을 자신이 있다면 도전하라. 어렵지만 간단하다. 성공 확률도 가장 높다.

유일할 수 있는 또 다른 방법은 극을 달리는 것이다. 세상에서 가장 큰 돈가스, 세상에서 가장 매운 짬뽕, 세상에서 가장 푸짐한 조개찜, 세상에서 가장 싼 짜장면, 세상에서 반찬 종류가 가장 많은 백반, 세상에서 가장 톡 쏘는 홍어회, 세상에서 가장 비싼 참치회, 세상에서 가장 나이 든 할매가 끓이는 된장찌개 등.

어느 바닷가 입구에 자리한 순두붓집들을 보면 간판에 30년 전통, 50년 전통, 70년 전통, 무려 130년 전통이라고 써놓은 곳도 있다. 너무 비슷한 스토리는 공감을 얻지 못한다. 차라리 1년 전통, 아니 30일 전통이라고 간판을 걸고 더 맛있게 만든다면 오히려 이게 스토리가 된다. 중요한 건 더 맛있게 만들어야 한다는 것이다. "고작 1년 전통인데 130년 전통보다 훨씬 맛있어"라는 소리를 들을 수 있도록 음식을 만들면 된다.

자, 이제 당신만의 매력을 만들어보자. 웃으면서 일할 수 있어야 매력이 생긴다. 얼굴 찡그린 사람은 매력적일 수 없다. 엄두가 나지 않는다면 창업하지 마라.

꾸준한 현금 흐름, 브랜드

브랜드란 사업자가 자기 상품을 경쟁 업체의 것과 구별하기 위해 사용하는 기호, 문자, 도형 따위의 일정한 표지를 뜻한다.

남이 만든 상품이 아닌 자기 상품, 나만의 브랜드를 가지고 있어야 한다. 그래야 자기 상품으로 다른 업체와 경쟁해 이길 수 있고, 코로나19와 같은 팬데믹 상황에서도 흔들리지 않는다.

처음부터 브랜드를 만들 각오로 시작하라. 그리고 남 밑에서가 아닌, 혼자 시작하라. 시작이 중요하다. 어디서 시작하느냐에 따라 브랜드를 만드는 시간도 차이가 난다.

피라미드의 맨 밑에서 시작하지 마라. 피라미드의 맨 밑은 프랜차이즈 같은 걸 말한다. 단, 아무리 생각해도 난 창업할 능력이 없다면, 프랜차이즈로 시작해도 된다. 하지만 반드시 2년 안에 모방하고 재창조하여 나만의 브랜드를 만든다는 각오로 프랜차이즈를 시작하라.

난 2002년에 감자탕집을 시작으로 실내 포장마차, 골프연습장 내 식당, 닭가슴살 사업을 모두 실패하고 2014년에 '메밀꽃이 피었습니다'라는 브랜드로 성공했다. 12년이 걸렸지만 너무 만족한다.

'12년이나? 너무 오래 걸린 거 아냐?'라고 생각하겠지만 사실 그리 긴 시간은 아니었다. 브랜드는 하루아침에 만들어지지 않는다. 브랜드는 내공이 쌓여야 만들어진다. 어떤 행운이 찾아와도 브랜드가 뚝딱 만들어지지는 않는다. 간혹 순식간에 만들어진 브랜드도 있다. 하지만 그런 브랜드는 절대 오래가지 못한다. 우리에게 필요한 건 평생, 아니 몇 대를 이어갈 수 있는 브랜드다.

브랜드가 이미 만들어진 식당에 가면 느껴지는 게 있다. '아! 이 맛은 보통 내공에서 나오는 게 아니다. 훌륭하다.' 이런 힘은 하루아침에 생기지 않는다. 그러니 브랜드에 대한 꿈은 강력하게, 호흡은 길게 가져라. 과정을 즐길 줄 알아야 한다.

자, 당장 이름부터 만들자. 당신의 브랜드는 무엇인가? 뭘 만들 수 있는가? 브랜드라 할 수 있는가? 경쟁 업체보다 어떤 점이 뛰어난가? 고객들이 왜 당신의 브랜드를 찾는가? 그런 게 없는가? 괜찮다. 배우면 된다. 경험을 쌓으면 된다. 이름이 떠오르지 않는다면 비슷한 브랜드를 떠올려보자. 긴장하지 마라. 지금 만드는 이름이 꼭 당신의 브랜드는 아니다. 몇 번은 바뀐다. 그러니 단순하게 생각하라.

자, 이름이 생각났는가? 그 이름을 적어 벽에 붙여두자. 이제 당신은 이 브랜드를 향해서 앞으로 나아가면 된다. 그럼 당장 뭐부터 해야겠는가? 당신이 구상한 브랜드와 관련된 책을 10권 사자. 가장 빨리 브랜드를 만드는 길은 실패와 독서다. 일단 시도해보고 실패한 뒤에 독서를 통해 실패 이유를 분석하고 모자란 부분을 채운다. 이 과정에서 내공이 쌓인다.

여기서 중요한 건 실패의 경험만으로 브랜드를 만들기엔 너무 오랜 시간이 걸린다는 것이다. 어쩌면 영영 못 만들지도 모른다. 반드시 실패의 이유를 분석하고, 모자란 부분을 채우는 과정이 있어야 한다. 책은 내가 어디로 가야 하는지, 뭘 배워야 하는지, 어떤 생각을 해야 하는지 알려준다. 사람에게 묻지 말고, 책에게 물어보라.

브랜드를 만드는 과정을 설명하면 다음과 같다.

❶ 브랜드를 만들기로 각오한다.

❷ 남 밑에서 시작하지 않는다. 처음부터 내가 사장이다.

❸ 나만의 브랜드 이름을 짓는다.

❹ 필요한 책을 10권 구입한다.

❺ 창업한다.

❻ 실패한다.

❼ 독서를 통해 실패 이유를 분석하고 실력을 키운다.

❽ 다시 창업한다.

내가 먼저 브랜드가 되어야 한다. 브랜드가 된 사람은 스스로 생각하는 사람이다. 당신은 얼마짜리 브랜드인가? 당신은 지금 얼마를 벌 수 있는가? 정확하게 분석하고 인정한 후 몸값을 높이자. 몸값을 높이는 방법으로, 경험을 통해 실력을 키우고, 실패한 분야를 더 배우고, 독서로 세상을 보는 눈을 만드는 것 말고 또 무엇이 있겠는가?

축하한다. 당신은 이제 당신만의 브랜드를 가졌다. 브랜드의 힘은 막강하다. 그 어떤 주식이나 부동산보다 훌륭하다. 브랜드는 꾸준한 현금 흐름을 만들어주는데, 꾸준하게 생산되는 현금의 힘은 막강하다. 매일 10만 원씩의 매출로 만든 1,000만 원이, 갑자기 생긴 10억보다 힘이 강하다. 꾸준한 현금 흐름이 당신의 미래를, 당신의 가족을 책임져준다.

당신의 브랜드가 1,000억 원에 매각됐다는 소식을 기다리겠다.

손님을 부르는 심벌마크

손님을 불러 모으려면 당신의 브랜드를 사람들의 머릿속에 각인시켜야 한다. 그러기 위해서는 네이밍을 하고, 심벌마크를 만들고, 주제 색상도 정해야 한다. 심벌마크를 만들고 주제 색상을 정하는 이유는 고객들의 기억에 오래 남기 위해서다. 고객들에게 내 브랜드가 시도 때도 없이 생각나게 하기 위해서다.

영어 소문자 'i'를 보면 뭐가 떠오르는가? 아이폰, 아이팟, 아이패드다. 줄무늬는 아디다스, 우리나라 지도는 성경김을 생각나게 한다. 심벌마크의 힘이다.

초록색 하면 스타벅스가 떠오르는 건 주제 색상 때문이다. 재미있는 사실은 막상 스타벅스에 가면 초록색이 매장에서 차지하는 비율이 5퍼센트밖에 안 된다는 것이다. 70대 25대 5의 법칙이라는 것이 있다. 기본 색상 70, 보조 색상 25, 주제 색상 5로 구성할 때 사람들은 5퍼센트의 주제 색상을 가장 잘 기억한다는 것이다.

내 제품을 고안하고, 내 매장을 인테리어할 때 이런 법칙을 아는 것과 모르는 것은 엄청난 차이를 만들어낸다. 확실한 기준을 가지고 사업을 하는 사람과 모호한 상태에서 그냥 감으로 사업을 하는 사람 중 누가 성공하겠는가?

내 가게의 경우 네이밍도 했고(메밀꽃이 피었습니다), 주제 색상도 정했는데(노랑, 연두), 심벌마크가 없다. 간판에 내 얼굴을 캐리커처로 그려놓았지만 심벌마크라 할 수는 없다. 그래서 오늘 밤 책을 읽다 심벌마크를 만들었다. 책을 읽으면 이렇게 모든 것이 발전한다. 사람도 발전하고 사업도 발전한다. 내가 심벌마크를 만든 과정은 이렇다.

❶ 메밀이 떠오르게 하려면 뭐가 있을까?

❷ 메밀국수는 여름에 주로 먹는데 여름 하면 떠오르는 것은?

❸ 사람들에게 널리, 쉽게 각인될 이미지로는 무엇이 있을까?

메밀이란 이름과 연관 있으면서 세 가지 조건을 모두 충족시키면 좋겠는데. 이런 생각을 하다 무릎을 탁 쳤다.

"그래, 매미다!!!"

매미라는 이름은 메밀과 많이 비슷하다. 매미는 여름 곤충이다. 매미는 하루 종일 사방으로 소리를 전파한다. 그렇다면 메밀국수와 매미가 무슨 상관인가? 상관없다. 김과 지도는 무슨 상관인가. 하지만 우린 지도를 보면 성경김을 떠올린다. 내친김에 광고 문구도 만들었다.

"매미가 울면 메밀꽃으로"

스타벅스 로고는 세이렌이다. 세이렌은 바다 위에 배가 지나갈 때 노래를 불러 선원들을 유혹한다. 손님들을 이렇게 유혹하겠다는 게 스타벅스 로고의 의미다. 여름이면 매미 수천만 마리가 내 가게를 홍보할 것이다. 사람들은 매미가 울면 우리 가게로 달려올 것이다. 얼마나 신나는 생각인가.

여러분도 당장 시작해보라. 너무 많이 고민하면 어려우니 일단 만들자. 시간이 지나면서 더 좋은 것으로 변화해갈 것이다. 스타벅스 로고도 몇 번이나 바뀐 것이다. 창업할 가게의 이름을 짓고, 심벌마크를 만들고, 주제 색상을 골라라. 색에 대한 책도 반드시 읽어야 한다. 파란색은 신뢰감을 주고 빨간색은 거짓말을 암시하고 등등. 지금 내가 읽고 있는 책은《좋아 보이는 것들의 비밀》과《미친 듯이 심플》이다.

이게 최소한의 작업이다. 이 정도도 하기 싫으면 창업하지 말고 취직하라.

장사의 핵심,
회전율

당신은 회전율을 계산할 수 있는가? 식당을 목표로 하는 사람들은 회전율을 반드시 계산할 수 있어야 한다.

음식마다 회전율이 다르다. 고깃집은 주로 하루에 세 바퀴를 목표로 한다. 그래서 큰 매장이 많다. 고기 굽고, 먹고, 후식까지 먹으면 시간이 꽤 걸린다. 내가 운영하는 메밀국숫집의 경우는 하루에 열 바퀴 이상도 돌아간다. 열다섯 바퀴가 돌아간 적도 있다.

요식업의 세계에서 꿈의 회전율이라고 불리는 숫자가 10이다. 당신이 판매하는 메뉴는 회전율이 어떤가? 가장 많이 회전했을 때 매출이 얼마인지 계산할 수 있어야 한다. 그게 당신이 벌 수 있는 최고의 매출이다. 최고의 매출을 계산한 결과 이것저것 빼고 나면 적자인 경우가 있다. 그러면 애초에 시작을 하지 말아야 한다.

내가 가본 만두전골집은 이랬다. 만두전골을 전골냄비에 담아 손님 상에서 직접 끓이는 형태였다. 일단 차갑게 나온 육수를 손님 상에서 브루스타로 끓이기 시작한다. 당연히 시간이 오래 걸린다. 만두전골을 먹고 나면 칼국수를 준다. 그리고 심지어 볶음밥도 준다. 내가 뜨거운 걸 엄청 잘 먹는데도 다 먹는 데 55분이나 걸렸다. 내 메밀국수의 경우 빨리 먹는 남자 손님들은 5분 만에 식사를 마친다. 그런데 가격은 만두전골 1인분과 우리 메밀국수 1인분이 똑같았다.

어떤 장사를 해야겠는가. 만두전골을 팔지 말라는 얘기가 아니다. 만두전골을 팔더라도 회전율이 높아지도록 끓인 육수를 내오고 볶음밥은 제공하지 않아도 된다. 메인 음식이 맛있어야 장사가 잘된다. 부수적으로 주는 메뉴는 얼마든지 줄여도 된다. 이렇게 회전율을 최대한 높였을 경우의 수익률을 계산해서 이익이 생긴다면 장사를 시작해도 좋다(결국 그 만두전골집은 오픈한 지 몇 개월 만에 문을 닫았다).

회전율이라는 개념도 모르는 상태에서 창업하는 사람이 너무 많다. 오늘부터 식당에 갈 때마다 회전율을 계산해보라.

'음, 이 김치찌개집은 보통 15분이면 사람들이 식사를 마치고 일어나는구나. 그럼 11시 30분부터 1시 30분까지 점심시간이라고 봤을 때 점심에는 몇 바퀴를 돌고, 저녁엔 또 몇 바퀴를 돌겠구나. 그럼 하루에 이 정도는 회전을 하겠구나. 여기 월세가 대충 300만 원이고, 직원이 두 명이니까 한 달 수익은 얼마 정도 되겠다.'

이런 계산을 할 수 있어야 한다. 난 회전율을 위해서 매장의 커피 자판기도 빼버렸다. 우리나라 사람들은 커피가 있으면 앉아서 얘기를 한다. 회전율에 치명적이다. 굳이 달라는 사람에게는 1회용 믹스 커피를 주라.

내가 아는 대표님은 회전율을 높이기 위해 식탁의 다리 위치도 바꿨다. 의자에서 손님이 빨리 일어날 수 있도록 말이다. 그 대표님은 우리 식당에 와서 이렇게 말씀하셨다.

"명환 씨! 여기 식탁 다리에 걸려서 의자를 한 번 더 빼고 몸도 한 번 더 자세를 바꿔야 일어날 수 있어요. 그러면 5초가 더 걸려요. 손님들이 모두 5초씩만 일찍 나가도 1년 매출이 꽤 달라져요."

이렇게까지 계산하는 사람이라면 당연히 성공하지 않겠는가?

오래 앉아 있어야 매출이 오르는 업종은 손님을 어떻게 하면 오래 머무르게 할까를 고민해야 한다. 반면 회전율이 높아야 매출이 많아지는 업종은 어떻게 하면 손님들이 빨리 먹고 기분 좋게 식당을 나가게 할까를 고민해야 한다. 그렇다고 손님을 내쫓는 시스템을 만들면 큰일 난다.

오늘부터 당장 회전율 계산하는 연습을 하라. 이 책을 읽은 후에 오늘은 집에서 밥을 먹지 말고 식당에 가라. 식사하면서 그 식당의 회전율을 정확하게 계산해보고 매출과 수익률도 계산해보라. 자꾸 하다 보면 내공이 생긴다. 이 내공이 생기면 내 가게를 돈 들여 차려보지 않아도 가만히 앉아서 머릿속으로 장사를 해보고 회전율을 계산해볼 수 있다. 그러면 답이 나온다. 그 답에 따라 창업하면 된다. 신나지 않는가! 이런 능력을 갖는다는 게!

이윤은 얼마가 적당한가

많은 사람이 나에게 묻는다.

"면 장사는 50퍼센트 남는다면서요?"

모든 이익은 사장이 설계할 수 있다. 면 장사로 50퍼센트 수익, 물론 낼 수 있다. 6개월 정도만 장사하고 안 할 거라면 말이다. 하지만 10년 넘게 50퍼센트의 수익을 낸다? 글쎄 나는 못 하겠다.

요식업에서 50퍼센트의 수익을 내려면 재료비를 절감할 수밖에 없다. 그러면 어떤 재료를 써야겠는가. 그 재료를 당신 가족에게 먹일 수 있겠는가? 난 없다고 본다.

사마천의《사기 열전》2권에 보면 이런 구절이 나온다.

"중간에서 소개하는 사람이나 탐욕스러운 상인은 본전의 3분의 1을 이익으로 챙기고, 큰 욕심을 부리지 않는 상인은 5분의 1을 이익으로 얻는다."

사마천은 기원전 145년경에 태어났다. 그때도 30퍼센트의 이익을 남기는 사람을 탐욕스럽다고 표현했다.

내가 장사를 해보니 아주 정확한 말이다. 30퍼센트 수익을 남기면 문제가 생긴다. 주로 주변 사람이 떠난다. 손님도 떠나고 직원도 떠난다. 탐욕스럽기 때문이다.

예를 들어 밀가루를 사용하는 식당이 있다고 해보자. 식당은 등급이 높은 밀가루와 등급이 낮은 밀가루를 쓸 수 있다. 등급이 높고 낮음은 음식의 맛이나 식감에 그렇게 큰 영향을 미치지 않는다. 하지만 식사를 하고 집에 돌아갔을 때 차이가 난다.

등급이 낮은 밀가루로 만든 음식을 먹은 사람은 '생목이 오른다'고도 하고 '음식이 배속에서 살아 오른다'고도 하는 더부룩함을 느낀다. 하지만 등급이 높은 밀가루로 만든 음식을 먹은 사람은 속이 편안하다. 이런 차이다.

밀가루는 제일 높은 등급과 가장 낮은 등급의 가격 차이가 꽤 크다. 1년으로 계산하면 굉장히 큰돈이다. 사장이 계산할 때 이 차이는 고스란히 수익으로 남길 수 있다. 낮은 등급을 사용하면 30퍼센트 이상 남길 수 있다. 하지만 그러지 말라는 얘기다.

내가 생각하는 적당한 수익률은 20~29퍼센트다. 고객도 만족하고 사업자도 만족할 수 있는 수치다. 20퍼센트 이상 남으면 주변에 나눠줘야 한다. 사마천도 20퍼센트의 이윤을 남기는 게 가장 적당하다고 했다. 그래야 오랫동안 장사를 할 수 있다.

적당하다는 것은 상인도 좋고, 소비자도 행복하다는 말이다. 상인이 더 남기면 소비자는 불편하다. 불편하면 오래가지 못한다. 황금알을 낳는 거위의 배를 가르는 것과 마찬가지다.

그래서 내가 운영하는 메밀국수 가게는 20퍼센트의 이익만 남기고 그 이상의 수익은 좋은 재료를 구입하는 데 쓴다. 결과적으로 손님들은 "고 사장네서 식사하고 집에 가면 속이 편하다"고 말한다. 덕분에 매출도 점점 증가하고 있다.

이익률을 정했다면 어떻게 그 수치를 만들 것인가. 여기서 원가 관리는 필수다.

"모든 이익은 원가 기획 단계에서 결정된다."《도요타의 원가》라는 책에 나오는 말이다.

장사를 하려면 원가 기획을 정확하게 할 줄 알아야 한다. 원가 기획을 하기 위해선 모든 걸 알아야 한다. 단순히 '원재료가 1,000원인데 3,000원에 파니까 2,000원이 남네'가 절대 아니다. 인건비, 4대 보험, 각종 공과금, 세금, 퇴직금, 보험료, 감가상각비 등 모든 걸 계산할 수 있어야 한다.

월 매출이 5,000만 원일 때와 1억 원일 때는 수익률 자체가 달라진다. 당연히 매출이 오르면 수익률이 높아진다. 어느 정도 높아지는지 본인이 계산할 줄 알아야 한다. 수익이 높아지면 그만큼 고객에게 돌려줘야 한다. 수익이 생기는 족족 주머니에 챙기면 오래가지 못한다. 반드시 정확한 수익만 남기고 나머지는 재투자를 해야 한다. 그래야 100년 기업을 만들 수 있다.

오마카세를 운영하는 개그맨 후배가 있다. 후배는 일주일에 세 번, 새벽 3시에 노량진 수산시장에 간다. 오마카세는 메뉴가 정해져 있지 않다. 오마카세라는 말 자체가 주인에게 맡긴다는 뜻이다. 주인 마음대로 그날그날 메뉴를 구성하면 된다.

수산시장에는 다양한 가격의 생선과 해산물이 있다. 수익을 많이 남기겠다고 가장 싼 재료만으로 음식을 만들면 고객들이 바로 알아차린다. 그리고 다시는 안 온다. 후배는 100퍼센트 예약제로 운영하기 때문에 하루 매출이 예상 가능하다. 100만 원 매출이 예상되면 그 기준으로 정확하게 원재료를 구입한다. 매출에서 원재료비가 차지하는 비율이 30퍼센트라면 30만 원어치 재료를 구입하는 것이다. 30만 원으로 어떤 생선과 해산물을 살지는 본인의 센스다. 이 센스가 바로 내가 늘 얘기하는 내공이다. 무조건 싼 것만 찾으면 안 된다. 무조건 원재료비를 줄이면 안 된다. 조율이 필요하다. 조율을 잘하려면 내공이 있어야 한다. 시장을 볼 줄 알고 트렌드를 읽을 줄 알아야 한다. 또 재료에 대한 이해도가 높아야 한다.

예를 들면 후배가 잘 쓰는 무기 중에 홍게가 있다. 오마카세의 마지막 코스로 주로 해물 라면이 나가는데 이때 홍게 한 마리를 통째로 올려준다. 대신에 홍게 한 마리의 가격이 얼마 이상이면 해물 라면은 하지 않는다. 전체 매출에서 원재료비가 차지하는 비율을 벗어나기 때문이다. 그럴 땐 바지락탕으로 메뉴를 바꾼다. 이렇게 원재료에 대한 기획을 정확하게 하고 재료에 대한 이해도가 높아야 그때그때 시장 상황에 맞는 변화가 가능하다.

당신은 원재료비를 계산할 줄 아는가? 한 그릇 팔면 얼마가 남는지 계산할 수 있는가? 도요타는 샤프심이 얼마나 닳았나를 측정해서 원가 조사 때 반영한다. 5분의 1 정도 닳았으면 마이너스 0.0001엔이라는 식으로. 잔인하다고? 하지만 이렇게 해야 살아남는다. 이 정도로 철저하고 섬세하게 원가 기획을 할 수 있어야 한다.

요리의 핵심은
빼기다

내 아내는 요리를 못한다. 결혼하고 아내가 요리하는 걸 보면서 깨달은 게 있다. 요리에 자신이 없을수록 뭔가를 더 넣으려 한다는 것이다.

요리의 핵심은 덜 넣는 것이다. 지금 당신이 만들고 있는 음식 맛에 자신이 없다면 레시피에서 한 가지씩 빼보라. 한 가지를 빼도 충분히 그 맛을 낼 수 있다. 신기하다.

신선한 원재료에 딱 한 가지로만 간을 하라. 음식 맛은 이렇다. 조미료가 많이 들어갈수록 첫맛은 좋지만 뒷맛은 질려서 숟가락 놀리는 속도가 느려진다. 반대로 조미료 없이 원재료에 소금이나 간장만으로 완성한 음식은 처음엔 '맛이 왜 이렇게 심심하지?'라는 생각이 들지만 먹으면 먹을수록 숟가락 움직이는 속도가 빨라진다.

돈 버는 레시피의 비결 역시 빼기다. 사람들은 점점 건강한 음식을 원하고 그런 음식에 기꺼이 많은 돈을 지불한다. 그렇다면 어떻게 해야 돈 버는 요리를 만들 수 있을까? 요리에 대한 생각 지수가 높아야 한다. 생각 지수가 높아야 용기가 생기고, 용기가 있어야 소금만 넣고도 맛을 낼 수 있다.

이렇게 만든 음식이 궁극의 맛을 보여준다. 이렇게 만든 음식이 사람들에게 감동을 준다. 메뉴도 줄여야 하는 이유가 바로 이 때문이다. 100년 가는 노포를 만들려면 이 작업부터 먼저 해야 한다. 한 가지를 빼면 맛이 덜할 거라는 의심을 버려라. 뺄수록 깊은 맛이 난다. 우리 삶도 그렇다. 뭔가를 더 가질수록 삶은 복잡해지고 어려워진다. 버릴수록 행복하다는 정리의 마법이다.

돈 버는 요리의 반대는 더하기다. 냉면을 팔지 않던 식당이 여름만 되면 '냉면 개시'라고 써 붙이고 냉면을 파는 경우가 있다. 이런 식당은 절대 돈을 벌 수 없다. 냉면은 그렇게 후딱 만들어서 팔 수 있는 음식이 아니다. 다른 계절에는 안 팔다가 여름의 문턱에서 냉면을 개시

한다는 건 이미 만들어진 기성품을 사다가 판다는 얘기다. 이런 냉면으로 고객에게 감동을 줄 수는 없다.

장사가 안 되면 메뉴부터 늘릴 생각을 하는데 오히려 메뉴를 줄여야 한다. 요식업에서 더하기는 결론적으로 빼기다. 메뉴를 늘려 수익이 오르길 기대하겠지만 결과는 반대다. 메뉴를 더하기 하면 인건비도 늘고 주방 동선도 복잡해지고 서비스도 힘들어진다. 수익은 빼기가 될 수밖에 없다.

여름에 냉면 팔 생각을 하지 말고 차라리 원래 팔던 메뉴에 더 집중하라. 주 메뉴가 맛이 없는데 냉면을 판다고 손님이 더 오지 않는다. 절대 안 온다. 한 가지 메뉴에서 궁극의 맛을 찾아야 한다. 명심하라. 요식업에서 돈 버는 방법은 빼기다.

더 적게, 하지만 더 좋게!

work easy 하라

우리는 'work' 하면 저절로 'hard'를 떠올린다. 일은 무조건 열심히 해야 하고, 당연히 힘들고 괴로운 것이라고 생각한다. 힘들고 괴롭지만 참고 견디며 하는 것이 일work이라고 생각한다. 모든 사람이 그렇게 사는 것으로 알고는, 힘들고 괴로운 시간을 견디며 일하는 자신이 대견하다고 생각한다. 하지만 시간이 흐를수록 피곤함은 쌓이고 자존감은 낮아진다.

쉽고 즐겁게 일하며 성과를 내는 사람들이 많다. 이들의 핵심은 심플simple이다. 그들은 모든 일을 단순하게 처리한다. 보고서도 한 장 이상 쓰지 않는다. 이메일 회신도 빠르고, 간단명료하다. 자신이 하고 있는 일을 한 줄로 요약할 수 있는 사람이다. 자신의 인생을 한 단어로 말할 수 있는 사람이다.

음식도 마찬가지다. 정해진 시간 안에 명쾌하고 빠르게 만들어야 한다. 요리를 잘하는 사람들 역시 머릿속에 조리 과정이 한 줄로 잘 배열돼 있다. 우왕좌왕하지 않는다. 다음에 뭘 해야 하는지 정확하게 몸에 배어 있다.

이연복 셰프님과 요리 강연을 여러 번 다녔다. 셰프님은 쉽게easy 요리한다.

"탕수육 만드는 거, 멘보샤 만드는 거? 어렵지hard 않아요."

이렇게 말씀하시며 요리하는 내내 미소가 얼굴에서 떠나지 않는다. 요리를 즐기고 있는 것이다. 셰프님은 쉽게, 즐겁게 요리하는데 맛은 기가 막히다. 이런 사람들을 우리는 고수라고 한다.

일을 열심히, 힘들게 하는 사람은 하수다. 하수들은 마치 일부러 일을 복잡하게 하는 것 같다. 일을 해치우는 게 아니고 시간을 때우려는 것처럼 보인다. 무조건 빨리 하라는 얘기가 아니다. 고수들도 밤새워 일한다. 똑같이 밤을 새워도 고수들은 즐겁게 밤을 새운다. 이 점이 하수들과 다르다.

그렇다면 어떻게 즐겁게 밤을 새울 수 있을까? 남이 시키는 일을 하지 않으면 된다. 남이 시키는 일을 하더라도 억지로 하지 말고 자발적으로 하면 된다. 내게 주어진 일을 자발적으로 하라. 자발적으로 일하는 사람은 지금은 남이 시키는 일을 하고 있지만 결국에는 내가 나에게 시키는 일을 하게 될 것이다. 내가 나에게 일을 시키는 사람은 사장이다. 대표다. 부자다. 고수다.

자발적으로 일하는 방법 중 첫 번째가 '미리미리'다. 뭐든 '미리미리' 하는 사람은 시간에 끌려다니지 않고 자신의 시간을 지배하며 산다. 작은 것부터 쉽게쉽게 하며 성과를 내는 습관을 들이자. 회의도 짧게 하라. 길게 한다고 좋은 아이디어가 나오는 게 아니다. 회의가 짧으려면 '미리미리' 준비해야 한다. 회의할 내용도 한 장을 넘기지 말자. 아무리 복잡한 회의도 한 장에 요약할 수 있다.

두 번째는 성과를 내는 것이다. 12시간 회의하고 아무런 결론이 없다면 회의를 한 게 아니라 잡담만 한 것이다.

개그맨 시절 아이디어만 다듬는 친구들이 있었다. 방송국에 출근해 하루 종일 아이디어만 다듬는다. 다음 날도, 그다음 주도, 그다음 달도. 몇 달 동안 다듬은 아이디어는 결국 한 방에 까이고 그 친구는 또 아이디어를 다듬으러 간다.

지금 「코미디 빅리그」에 출연하고 있는 황제성은 빨랐다. 아이디어가 떠오르면 바로바로 얘기한다. 콘셉트만 얘기하면 된다. 방송 결정도 나지 않은 아이디어의 대사를 쓰고 지문을 만들 필요는 없다. 시간 낭비다. 황제성은 그렇게 하루에도 여러 개의 콘셉트를 만든다.

직업의 세계는 프로의 세계다. 아마추어는 학교 시절에 끝난다. 프로는 콘셉트만 얘기하면 안다. 콘셉트가 통과되면 그때 대본을 만들면 된다. 쉽게쉽게 만들어야 많이 만들 수 있다.

힘들고 어렵게 오래 만든다고 좋은 아이디어가 탄생하는 건 절대 아니다. 착각이다.

피카소가 유명해질 수 있었던 건 수천 점의 작품을 그렸기 때문이다. 피카소가 쉽게 그렸다는 말이 아니다. 다작을 하려면 즐겨야 한다. 스스로 일이 쉽고 즐겁다고 느껴야 한다. 일이 즐거우려면 성과가 생겨야 한다. 작은 성과라도 눈에 보이게 만들어야 한다.

자, 당신은 어떤가? 당신은 일을 '미리미리' 하는가? 매일매일 성과를 만들고 있는가? 당신이 하고 있는 일을 한 문장으로 말할 수 있는가?

당신 삶의 목표를 한 단어로 말해보라. 할 수 없다면 지금 만들라.

아침 시장을 공략하라

엔데믹(풍토병으로 굳어진 감염병)을 말하는 요즘이다. 과연 코로나가 완전히 끝나면 예전의 삶으로 돌아갈 수 있을까?

난 돌아갈 수 없다고 본다. 어느 정도 팬데믹 이전과 이후의 삶이 혼재된 상태로 살아갈 것이다. 그중 대표적인 생활방식이 집에 일찍 들어가기다. 술을 늦게까지 마시지 않는다. 밤 장사가 당분간은 어느 정도 타격을 받을 것이다.

새로 창업하는 이들이라면 아침 시장을 공략하자. 요즘 대부분의 가정에서는 요리를 하지 않는다. 간편식 위주의 식사를 한다. 하지만 한국 사람이라면 누구나 집밥을 그리워한다. 특히 아침을 집밥 스타일로 먹고 싶어 한다. 또한 오전 10시에서 12시 사이의 브런치 고객들은 늘 많다. 아이들이 학교에 등교하기 시작하면 이 고객들은 더 늘어날 것이다.

오전 7시부터 오후 2시까지만 장사하라. 이렇게 장사해도 하루 500만 원 매출도 충분히 올릴 수 있다. 아침 7시부터 문 여는 곳은 별로 없다. 경쟁자가 그만큼 없는 것이다. 하지만 저녁 7시엔 모든 가게가 문을 연다. 모두가 경쟁자다.

물론 상권을 잘 분석해야 한다. 오전 7시부터 뭔가를 먹으러 나오는 사람들이 있는지 봐야 한다. 내가 사는 한남동, 이태원 일대는 이런 시장으로 최적화돼 있다. 아침 일찍 운동 나온 외국인들이 커피와 함께 아침 메뉴를 즐기고 이는 브런치로 이어진다.

이런 광경을 보고 싶다면 이태원 '써머레인' 같은 곳에 가보라. 오전 7시 30분에 문을 여는데 8시만 되면 만석이다. 보통 단품 메뉴의 가격이 1만 7,000원 정도다. 1인 1메뉴를 시켜야 하는데 브런치를 시키면 음료도 마실 수밖에 없다. 이 글을 쓰기 이틀 전에 아내랑 가서 브런치 메뉴 두 개와 커피 두 잔을 시켰더니 4만 3,000원이 나왔다. 게다가 사람들은 코로나 여파로 식사 후에 오래 앉아 있지 않는다. 사람 많은 곳에 오래 있고 싶지 않기 때문이다.

돈이 돈을 번다는 게 이런 뜻이다. 장사가 잘될수록 회전율이 높아진다. 한가하면 오래 앉아 있게 된다. 이 가게 하나를 두고 하는 말이 아니다. 해방촌의 '오파토'는 오전 8시 30분에 문을 여는데 비슷한 상황이 연출된다. 이런 시장은 얼마든지 있다는 것이다.

오전 메뉴로 창업을 한다면 그 동네에 거주하는 사람은 얼마나 되는지, 직장인은 얼마나 되는지 분석해봐야 한다. 이태원 써머레인 같은 상권은 생각보다 많다. 외국인들이 살지 않아도 된다. 근사한 아침을 즐기려는 사람들은 많다. 본인의 가게로, 그 동네에 그런 문화를 만들면 된다.

난 한식 브런치를 기획 중이다. 늘 보던 느끼한 스타일의 브런치가 아니라 담백하고 맛있는 한식 스타일로 브런치를 만들 것이다. 가게 이름은 한식 브런치 '아점'이다(내가 이미 상표출원 중이니 같은 콘셉트로 하고 싶은 사람은 다른 이름으로 오픈하라). 한식 브런치는 앞으로 대세가 될 것이다. 주말 이틀만 아침에 장사해도 이틀에 1,000만 원 매출은 올릴 수 있다는 게 내 계산이다. 주말 오전에만 장사하고 1년 매출 5억 원이 목표다. 1년에 90일 장사하는 것이다.

식당은 항상 오전 10시쯤 문을 열고 재료를 준비해서 점심시간부터 늦은 밤까지 장사한다는 고정관념을 버리자. 아침 시장을 공략하자. 상쾌하게 장사하고 일찍 문 닫은 다음 오후 시간엔 책을 읽자.

수익 구조를 살펴라

배달 전문 메밀국수 가게를 준비하려고 공유주방 업체의 상담을 받았다. 공유주방들은 주로 상권이 좋은 곳에 위치하고 있기 때문에 배달수요가 많을 거라 생각했다. 공유주방에 들어가면 내가 준비할 게 거의 없다. 조리에 필요한 모든 것이 빌트인으로 준비되어 있고, 음식이 배달되는 과정도 간편하게 설정돼 있다. 하지만 편한 만큼 임대료 등의 비용이 비싼 편이다. 상담을 마치고 나오면서 혼자 한마디 했다.

"이건 공유주방 업체 사장을 위해 일하는 거네."

사실 배달을 주로 하는 소상공인들은 배달의민족을 위해 일하는 거나 마찬가지다. 장사를 해보면 느낀다. 무슨 말인지 잘 와 닿지 않는다면 이런 비유는 어떨까. '유튜브로 1년에 몇십억의 수익을 올리는 유튜버가 있다. 하지만 모든 유튜버는 유튜브를 위해 일하는 것이다.' 유튜브도, 배달 업체도 수익 구조가 그렇다.

4차 산업혁명 시대에는 누군가가 나를 위해 일하게 할 수 있다. 어떤 티셔츠 업체는 본인들이 디자인을 전혀 하지 않는다. 고객들이 직접 디자인한 티셔츠를 만들어주고, 동의를 얻어 다른 고객에게도 판매한다. 잘 팔리면 수익도 나눠준다. 사람들이 나를 위해 디자인하게 만든 것이다.

내가 피라미드의 가장 꼭대기에 올라가야 한다. 하지만 한 번에 올라갈 수는 없다. 지금 자신의 위치가 어디인지 확인하고 본인이 속해 있는 피라미드를 그려보라.

예를 들어 치킨 프랜차이즈를 하고 있다면 피라미드의 가장 아래에 있는 것이다. 어느 지역에서 편의점을 운영하고 있다면 역시 가장 아래에 있는 것이다. 어떻게 하면 한 단계 위로 올라갈 수 있을 것인가?

내 상권이 신림사거리 주변이라면 어떻게 해야 이를 신림동 전체로 넓힐 수 있을까? 나아가 주변 봉천동이나 구로, 사당까지 내 영향

권에 넣으려면 어떻게 해야 할까? 관악구 전체는? 그 옆의 동작구도 포함시키려면? 나아가 서울의 모든 구, 즉 서울시 전체를 상대로는? 경기도까지는? 우리나라 전체는? 최종적으로 세계를 대상으로 하려면 지금 어떤 준비를 해야 하는가?

이런 생각을 가지고 창업하는 사람과 자기 지역에서만 영업을 하겠다고 생각하는 사람은 모든 면에서 차이가 크다. 물론 모든 사람이 전 세계를 상대로 할 필요는 없다. 1인자로 사는 게 머리 아픈 사람이 있다. 누군가를 위해 일하는 게 행복한 사람이 있다. 그런 사람들은 누군가를 위해 일해야 한다. 큰돈에 욕심 없는 사람이 있다. 그런 사람들은 필요한 만큼 벌고 그 안에서 삶의 이유를 찾으면 된다. 다만, 갈 곳을 정하기 전에 나는 어떤 사람인지, 내 위치는 어디인지, 내가 가고자 하는 목표가 어디인지 알아내야 한다. 나만의 방식을 찾는 게 먼저다.

이 책을 읽는 사람들 중에는 큰돈을 벌고 싶은 사람도 있을 것이다. 그렇다면 나를 위해서 일할 플랫폼을 만들면 된다. 내가 요즘 그 작업을 하는 중이다. 요즘 책을 읽을 때 머릿속에서 끊임없이 이 질문을 던진다.

'나를 위해 일하게 할 수 있는 플랫폼은 뭐가 있을까? 어떤 방식이

있을까?'

서두르지 않는다. 답이 찾아질 때까지 읽으면 된다. 결국 알게 된다. 대신 얼마짜린지 생각도 해야 한다. 얼마 전에 배달의민족이 약 4조 원에 팔렸다는 기사가 났다. 그 기사를 보고 '나도 4조 가치의 회사를 만들어야지'라고 생각하기 전에 자신의 가치가 얼마인지부터 알아야 한다.

나는 현재 30억짜리다. 죽을 때까지 필요한 돈도 30억이다. 하지만 돈의 선순환 덕분에 목표가 올라갔다. 300억을 벌어서 도서관을 짓는 게 내 목표다. 300억짜리가 되기 위해 치열하게 공부하고 사색하는 중이다.

지금 쓰고 있는 책이 세 번째 책이다. 아마 열 번째 책이 나올 때 나는 300억짜리 고명환이 돼 있을 것이다. 책을 한 권 쓰려면 최소 300권 이상의 책을 읽어야 한다. 앞으로 일곱 권을 더 쓴다면 2,700권 이상을 읽을 텐데, 그러면 나는 5,000권 이상을 독서한 사람이 된다. 누구라도 5,000권을 읽으면 300억짜리 사람이 될 수 있다. 장담한다. 5,000권을 읽었는데 300억을 못 벌었다면 못 번 게 아니라 안 번 것이다. 책을 읽다가 돈이 전부가 아니라는 것을 깨닫게 되기 때문이다.

결국 책을 읽다 보면 돈을 벌어야 할 사람은 돈을 벌게 되고, 돈이 아닌 다른 이유를 위해 태어난 사람은 그 이유를 따라 살게 된다. 결론은 두 사람 모두 행복해진다는 것이다. 내가 태어난 이유를 알고 그 길을 걷기 때문이다. 이런 사람들은 결과보다는 과정이, 오늘이, 지금 이 순간이 행복한 사람들이다. 이 책을 쓰기 위해 책을 읽고 아이디어를 떠올려보는 이 시간이 행복하다.

웃어라, 또 웃어라, 계속 웃어라

누군가는 그게 무슨 비법이냐고 할 수도 있지만, 사업에서 내가 가장 중요하게 생각하는 수단이 있다. 바로 미소다. 손님을 맞이할 때도 웃고 음식을 만들 때도 웃고 화장실 청소를 할 때도 웃는다.

지금 당장 거울 앞에서 웃어보라. 자연스러운가? 진심이 느껴지는가? 웃는 게 쉽지는 않다. 연기자들도 우는 연기보다 웃는 연기를 더 힘들어한다. 팬들이 개그맨과 사진을 찍으면 항상 하는 말이 있다.

"웃는 게 너무 자연스러우신데 저는 웃는 얼굴이 이상해요."

당연하다. 연습을 하지 않아서 그렇다. 개그맨들은 늘 웃는다. 자주 웃는다. 만나면 웃고 아이디어 회의를 할 때도 웃고 밥 먹을 때도 웃는다. 웃는 얼굴이 자연스러울 수밖에 없다. 그래서 사진을 찍어도 자연스러운 미소가 나오는 것이다.

얼굴에는 수백 개의 근육이 있다. 이 근육들 중에서 잘 쓰는 근육은 발달하고, 그렇지 않은 근육은 잘 움직이지 않는다. 근육을 이완시키기 위해 자주 스트레칭을 하듯이 자연스러운 웃는 얼굴을 만들려면 자주 웃어야 한다.

혼자 있을 때 과장되게 웃어보자. 양쪽 입꼬리를 최대한 위로 올리고 짐 캐리처럼 웃는 연습을 하라. 다리가 찢어지듯 웃음 근육도 찢어져야 자연스러운 미소가 생긴다.

모든 사업에서 가장 중요한 건 인간관계고 인간관계에서 가장 중요한 건 웃는 얼굴이다. 가식적으로 웃는 얼굴은 금방 티가 난다. 웃는 연습을 하지 않은 사람은 갑자기 웃으려면 얼굴이 더 경직된다. 그런 근육으로 웃는 얼굴을 만들면 상대방이 '저 사람은 가식적인 사람이구나'라는 생각을 하게 된다.

진심으로 웃는 얼굴을 만들어야 한다. 만들 수 있다. 지금 당장 크게 웃어보라. 계속 웃어보라. 그냥 그렇게 혼자 웃고 있는 자신이 웃겨서 진짜 웃음이 날 때까지 계속 웃어보라. 진심으로 웃는 상태가 됐을 때 본인의 얼굴 근육을 느껴보라. 평소에 잘 쓰지 않는 입 주위 근육과 광대뼈 쪽 근육의 움직임이 느껴질 것이다. 그 부분을 운동시키듯 자주자주 웃으면서 근육을 사용하라.

그리고 웃는 얼굴을 자주 사진 찍어보라. 스스로 자연스럽게 느껴질 때까지 웃는 연습을 계속하라. 나중엔 가만히 있어도 항상 미소를 머금은 얼굴이 되어야 한다. 이 미소가 당신에게 엄청난 돈을 가져다준다. 이 미소가 준비되지 않았다면 어떤 사업도 시작하지 마라. 자본 없이 많은 돈을 벌고, 불가능한 계약을 성사시키는 게 바로 이 웃는 얼굴이다.

어린 시절을 생각해보라. 우리는 그냥 웃었다. 주변에 모든 게 웃겼다. 나이가 들고 세상을 알아가면서 점점 미소를 잃었다. 괜찮다. 지금부터 다시 연습하면 된다.

내 앞을 지나가는 길고양이를 보면 웃어라. 내 앞에 떨어지는 나뭇잎을 보면 웃어라. 뜨거운 밥에서 피어오르는 김을 보면 웃어라. 엘리베이터 안에서 웃어라. 사람들이 있어도 웃고 없어도 웃어라. 지금 이 글을 읽으면서도 웃어라. 잠자리에서도 웃다가 잠들어라. 가장 어려운 단계인데 나를 괴롭히는 직장 상사를 보고도 웃어라. 왜 웃냐고 물어보면 그때도 그냥 웃어라(주의: 비웃는 것처럼 웃으면 안 된다. 진심으로 사는 게 행복한 사람처럼 웃어라). 진상 손님에게도 웃어라. 갑자기 끼어

드는 차를 향해 욕이 나올 때도 웃어라. 일단 웃어라. 웃은 다음에 그래도 욕하고 싶으면 하라.

웃음이 안 나오면 펄쩍펄쩍 뛰어보라. 내가 강아지가 됐다고 생각하고 뛰면서 거울에 비친 내 얼굴을 보라. 인간은 점프를 하면 웃게 된다. 사진작가인 '필립 할스만'을 검색해서 점프하는 사진을 보라. 자연스러운 웃음이란 어떤 것인지 볼 수 있다. 당신도 지금 당장 몇 번만 점프해보라. 기분이 좋아질 것이다.

무엇보다 웃음은 본인에게 좋다. 웃음은 스트레스를 몰아낸다. 아니 그보다 웃음은 스트레스를 해소해준다. 진심 빵 터져서 웃어보라. 그날의 스트레스가 다 날아간다. 웃는 연습을 하면 모든 게 웃기다. '100만 불짜리 미소'라는 말이 그냥 생긴 게 아니다. 습관처럼 웃을 수 있다면 당신은 이미 1,000만 달러를 가진 것이다. 지금 환율로 120억 4,500만 원이다. 축하한다.

3

轉

생각의 전환을 만드는 독서 내공

이른 아침 도서관에 고급차가 많은 이유

뻔한 얘기라고 건너뛰지 말고 잘 들어보라.

사이쇼 히로시의 《아침형 인간》에는 이른 아침 출근하는 차 중에 고급차가 많다는 조사 결과가 소개된다. 이른 아침에 출근하는 사람들 중에 크게 성공한 사람들이 많다는 얘기다.

내가 자주 가는 남산도서관에도 고급차가 많다. 특히 도서관이 문을 여는 시간에 가면 고급차들이 많이 주차돼 있다. 그리고 한 시간 반 정도 지나면 고급차들은 사라진다. 그 차의 주인들은 오전에 도서관에서 한 시간 정도 독서를 하고 나서 그날 할 일을 위해 도서관을 떠나는 것이다.

생각해보라. 오전에 도서관에서 한 시간 동안 독서한 다음 본인의 일을 위해서 떠나는 사람! 과연 이 사람이 실패할 수 있을까? 절대 없다.

하루를 완벽하게 시작하는 사람들이다. 끌려다니며 살지 않는 사람들이다. 자기 시간을 주도적으로 사는 사람들이다. 시간을 지배하는 사람들이다.

이른 아침에 도서관에 가라. 책은 30분만 읽어도 된다. 30분 읽을 거면 그냥 집에서 읽지, 뭐 하러 도서관에 가냐고? 집에서 30분 독서하는 것과 도서관에서 30분 독서하는 것은 완전히 다르다.

도서관 독서의 핵심은 도서관을 오고 가는 것이다. 이른 아침 문 여는 시간에 맞춰 도서관에 가보라. 집을 나서면서 이미 기분이 좋아진다. 난 남들이 자고 있을 때 도서관에 가는 사람인 것이다. 자존감이 일단 높아진다. 도서관 가는 길엔 창의적인 생각만 하게 된다. 도서관에 가면서 오늘 저녁에 술 마실 생각을 하진 않는다. 도서관 가는 길엔 좋은 생각들만 떠오른다. 그날 읽을 책 내용과 함께 아이디어가 떠오르고, 그날 할 일에 대한 계획이 세워지고, 현재 자신이 당면한 문제에 대한 해결책이 떠오르고, 내 꿈을 이루기 위해 필요한 게 무엇인지 생각난다. 도서관 가는 길의 위력이다.

도서관이 멀다고 핑계 대지 마라. 멀수록 좋다. 난 도서관에서 책을 읽을 때보다 도서관을 오가는 길에 돈을 벌 창의적인 아이디어를 더 많이 만들었다. 물론 도서관에서 읽은 책이 좋은 생각의 재료가 되었다.

이 글을 읽는 당신이여! 딱 한 번만 도서관이 문 여는 시간, 딱 그 시간에 도서관에 도착해보라. 거기서 느껴지는 에너지를 경험해보라.

이른 아침 도서관에 가는 사람은 우울증이 없다. 스트레스도 없다. 자기비하도 없다. 좌절은 더더욱 없다. 가슴에 열정이 가득 찬다. 눈빛이 달라진다.

당신이 지금 안 좋은 상황에 처해 있다면 주변을 둘러보라. 아마 좋지 않은 에너지가 꽉 차 있을 것이다. 그런 상황을 역전시켜야 한다. 말로만 "오늘부터 행복하게 살 거야", "오늘부터 열정적으로 살 거야", "오늘부터 긍정적인 마인드로 살 거야"라고 외친다고 해서 바로 행복해지는 게 아니다. 결심을 했으면 행동을 바꿔야 한다. 당신의 상황이 안 좋아진 건 대부분 용기가 없어 도전하지 않았거나, 미루면서 행동으로 옮기지 않아서다. 이 모든 안 좋은 행동을 한 번에 바꿔 줄 수 있는 게 바로 이른 아침 도서관 가기다.

아무리 우울한 사람이라도 이른 아침에 도서관에 세 번만 가면 활짝 웃고 있는 자신을 발견하게 된다. 특히 지금 뭘 해야 할지 앞길이

막막한 사람은 이른 아침에 도서관에 가라. 뭘 해야 할지 스스로 알게 된다.

일단 도서관에 가서 아무 책이나 읽으면 된다. 심지어 책을 안 읽어도 된다. 그냥 열람실 의자에 앉아 있어라. 부정적인 생각은 사라지는 대신 희망 차고 긍정적인 생각이 당신을 충만하게 할 것이다.

너무 뻔한 방법인가? 사실 인생은 어려운 게 아니다. 내가 자주 하는 얘기지만 우리는 이미 답을 알고 있다. 어떻게 살면 잘 살 수 있는지, 행복하게 살 수 있는지. 어떻게 하면 장사가 잘되고 돈을 벌 수 있는지. 그런데 저마다의 이유로 정답을 미루며 행동에 옮기지 않아서 인생이 어려워진다. 다이어트는 내일부터, 금연은 다음 달 1일부터라고 미루지 마라.

이른 아침에 도서관에 가라. 이보다 확실한 성공의 방법은 없다. 지금 안 좋은 상황에 처해 있는 당신이라면 악순환의 고리를 끊어야 한다. 그 첫걸음이 바로 이른 아침 도서관에 가는 것이다.

딱 한 줄만 챙기자

"책을 다 읽었는데 아무것도 생각이 안 나요."

평소 사람을 만날 때마다 책 읽기의 중요성을 강조했던 터라 독서와 관련된 고민 상담을 종종 받곤 한다. 그중 적지 않은 사람들이 하는 말이 있는데 바로 '책을 읽긴 했는데 아무 생각도 떠오르지 않는다'는 것이다.

목적 없이 책을 읽은 탓이다. 나 같은 경우에는 딱 한 줄만 가지겠다는 마음으로 읽는다.

아무리 두꺼운 책이라도 지금 내 인생에 도움이 될 단 한 줄만 찾는다. 수천 페이지가 넘는《사기 열전》을 읽고 남긴 한 줄은 '내가 남에게 준 것은 바로 잊어버리고 남에게 받은 것은 꼭 기억하고 살자'였다. 1,700페이지 분량의《돈키호테》를 읽고 나서는 "행운은 빼앗아갈 수 있을지 모르지만 노력과 용기는 빼앗지는 못할 것이야"라는 한 줄을 간직했다.

똑같은 책을 읽어도 사람에 따라 간직해야 할 한 문장이 다르다. 내 문장을 찾아야 한다. 딱 한 줄이면 된다. 욕심 부리지 말자. 한 줄만 가지겠다고 마음먹으면 오히려 여러 문장이 내 속으로 들어온다.

책을 읽을 때마다 우리가 느끼는 게 다르다. 그래서 여러 번 읽어야 한다. 그러니 일단 한 줄만 챙기고, 나중에 다시 읽으면 된다. 처음《삼국지》를 읽었을 때 기억에 남은 건 관우, 장비, 조자룡, 여포 등 싸움 잘하는 장수들이었다. 두 번째 읽을 때는 유비, 조조 같은 1인자들이 눈에 보였다. 세 번째 읽었더니 제갈공명, 방통, 사마의, 주유 같은 책략가들만 보였다.

책 한 권을 한 번에 모두 흡수하겠다고 생각하면 안 된다. 생각해보라. 저자는 한 권의 책을 쓰기 위해 수백 권 이상의 책을 읽는다. 이걸 한 번에 모두 흡수할 순 없다.

지금 본인의 문제를 가슴에 안고 내게 가장 도움이 되는 한 줄만 가지겠다는 마음으로 읽어보라. 집중력이 훨씬 강해진다. 책 한 권에서 한 줄만 가지면 된다. 책이 알려주는 수많은 지침을 모두 따를 순 없다. 책이 알려주는 한 줄의 도움을 받아 내 삶을 조금씩 변화시키면 된다.

이렇게 한 줄 두 줄 쌓이면 세상을 보는 직관이 높아진다. 결국 일하는 모든 순간이 즐거워지고 돌아보면 통장에는 돈이 가득 차 있는 선순환적인 삶을 살게 된다.

내가 고전을 읽는 이유

세네카의 《인생이 왜 짧은가》를 읽어보면 그가 인간에 대해서, 자신에 대해서 얼마나 많은 생각을 했는지 느껴진다. 세네카는 기원전 4년경부터 기원후 65년까지 살았다. 이 시대엔 핸드폰도, TV도, 광고도, SNS도 없었다. 자본주의도 없었다.

내가 고전을 읽는 이유는 '세뇌당하지 않은 생각을 공유하고 싶어서'다. 세네카가 오랫동안 자신을 들여다본 끝에 얻어낸 날카로운 생각을 읽고 있으면 정신이 번쩍 든다. 세뇌당한 내 머리를 찌르고 싶어진다. 끌려가는 삶을 살지 말라고, 내 인생을 찾으라고!

현대를 살고 있는 우리는 이미 미디어에 세뇌당한 뇌를 가지고 있다. 내가 잘못한 건 아니다. 태어날 때부터 이미 자본주의사회에 속했기 때문에 어쩔 수 없다. 모두가 마찬가지다. 하지만 똑같이 태어났지만 달라질 수 있다. 세뇌당해 멍해져 있는 뇌를 고전의 맑고 날카로운 생각으로 찌르면 된다. 자본주의 이전의 뇌로 돌아갈 수 있다. 내가 왜 태어났는지, 뭘 할 때 가장 행복한지 알 수 있다.

세뇌당한 뇌는 직관이 없다. 보거나 듣지 않아도 알 수 있고, 미래를 예측할 수 있는 힘이 직관이다. 그런 직관이 없기 때문에 끌려가는 삶을 살게 된다. 미래를 예측할 수 없기 때문에 누군가가 설명해주는 미래를 따라 살 수밖에 없다. 문제는 그렇게 끌려다니면 자유가 없다는 것이다.

자유가 없는 삶은 시간이 빨리 간다. 나이가 들수록 시간이 빨리 간다고 하는데, 왜 그럴까? 생각을 하지 않기 때문이다. 어린아이 때는 그래도 세상에 물들지 않아 생각을 한다. 호기심이 있다. 호기심은 내 안에서 스스로 솟아나는 생각이다. 나이가 들수록 호기심이 사라진다. 주입된 생각이 많아서 그렇다. '이렇게 살아야 된다. 이게 좋다. 저 직장이 안정적이다'와 같이 말이다.

세뇌당한 뇌는 스스로 생각할 수 없다. 스스로 생각할 수 없는 사람은 용기도 없다. 용기는 스스로 내리는 판단에 확신이 설 때 생긴다. 용기가 없으면 끌려갈 수밖에 없다. 남이 시키는 일만 하기 위해 늘어서 있는 줄에서 용기 있게 뛰쳐나가야 내 삶을 찾을 수 있는데 그럴 용기가 없다.

세뇌당한 뇌는 겁쟁이를 만든다. 결국 죽음 앞에서야 알게 된다. 죽음이라는 송곳은 세뇌당한 뇌를 찔러 정신을 차리게 하는 유일한 생각이다.

고전은 이미 죽음 앞에 가본 자들의 생각이다. 그중에서도 수천 년 동안 가려내고 가려내진 날카로운 생각이다. 고전을 읽으면 스스로 생각하게 된다. 난 30대에 교통사고로 죽음 바로 앞까지 가봤다. 그때 느꼈던 후회 때문에 고전을 읽는다.

생각의 차이가 수입의 차이를 만든다

직장인들을 생각해보자. 직급이 높을수록 연봉이 높은 이유는 직급이 높은 사람이 낮은 사람보다 생각하는 수준이 높기 때문이다. 오랜 경험이 생각의 높이를 만들어내고 그 생각의 높이를 돈으로 보상해주는 것이다.

연봉 3,000만 원인 사람의 생각의 높이를 3이라고 하고 이걸 '생각 지수'라고 하자. 생각 지수가 3에서 10으로 올라가야 연봉 1억이 된다.

연봉 3,000만 원을 1억 원으로 올리려면 얼마나 오랜 시간이 걸리는지 모두 알 것이다. 이 시간을 가장 빨리 단축시킬 수 있는 방법이 있다. 바로 독서를 통해 생각의 수준을 높이는 것이다.

내 생각의 임계점을 빨리 뚫어야 한다. 생각 지수가 3인 사람이 독서를 통해 임계점을 뚫고 생각 지수를 4로 올리면 회사에서 연봉을 4,000만 원으로 올려줄 때까지 기다리지 않는다. 그 사람은 바로 연봉 3,000만 원 외에 월 100만 원의 현금 흐름을 만들어낸다. 어떻게 하냐고? 방법은 너무나 많다.

지금 모른다고 걱정하지 마라. 생각 지수를 올리면 된다. 좋은 소식이 있다. 생각 지수는 한 번에 1씩 올라가는 게 아니다. 어떤 사람은 책 한 권을 읽고 강렬한 사색을 통해 1에서 10으로 바로 올라간다. 이런 사람은 대부분 회사를 그만두고 스스로 창업해서 훨씬 더 많은 돈을 번다.

회사를 그만둘 수 있는 용기는 생각의 높이에서 생긴다. 이미 자신은 연봉 3,000만 원짜리가 아님을 안다. 내가 뭘 만들어서 팔면 사람들이 좋아할지도 안다. 회사에 남아 연봉이 언제 올라갈까 눈치 보며 기다릴 필요가 없는 것이다.

악순환의 고리를 끊는 것이다. 생각의 임계점을 뚫어야 선순환으로 살 수 있다. 남이 시키는 일을 하지 않고 내 삶을 스스로 계획하고 그대로 살 수 있다.

자, 이제 생각 지수를 올릴 구체적인 방법에 대해 얘기해보자.《생각의 차이가 일류를 만든다》에서 이동규 교수가 언급한 '검색보다 사색'이 그 방법이다. 핸드폰을 던지고 손에 책을 드는 것이다. 검색보다 사색이다.

"핸드폰 보면서도 사색할 수 있지 않아요?"라고 말하지 마라. 생각의 질이 다르다. 핸드폰을 보면서 하는 생각은 주로 수동적인 생각이다. 생각이 주입되는 것이다. 생각에도 악순환과 선순환이 있는데 우리에게 필요한 건 능동적인 생각이다.

또 핸드폰을 보며 하는 생각은 짧은데 우리에게 필요한 건 길게 생각하는 것이다. 길게 생각해야 깊게 생각하게 되고, 깊게 생각해야 임계점을 빨리 뚫을 수 있다. 책을 읽으며 생각해야 한다. 그래야 길게 생각한다.

《공부머리 독서법》의 저자 최승필은 이렇게 말한다.

"우리는 평소에 생각을 길게 하지 않아요. 주로 '오늘 뭐 먹을까?', '뭐 입지?', '여친이 삐졌나 왜 카톡 확인을 안 하지?' 이런 정도의 짧은 생각을 합니다. 책을 읽는다는 것은 그 시간 동안 내내 생각을 하는 거예요."

맞는 말이다. 인생에 대해 심각하게 고민할 때도 한 시간 이상 생각하기 힘들다. 하지만 책을 두 시간 읽으면 두 시간 동안 생각하는 것이다. 이렇게 오래 생각해야 깊이 생각할 수 있다.

당신은 두 시간 동안 계속 생각해본 적이 있는가. 이런 경험이 없는 사람과 매일 새벽 두 시간씩 생각하는 사람이 있다면 둘 중 누가 돈을 더 많이 벌겠는가? 생각의 차이가 곧 수입의 차이인 것이다.

테슬라의 수장인 일론 머스크가 생각하는 수준을 보라. 사람들은 공상과학영화를 볼 때나 '화성에 사람이 살 수도 있구나'라고 생각한다. 그것도 수동적으로 말이다. 일론 머스크는 스스로 생각한다. 스스로 상상하고 실행에 옮긴다.

일론 머스크는 창업이냐, 취업이냐를 고민하던 시절 자신의 생존을 위해 얼마가 필요한지 실험을 했다. 유명한 1달러 프로젝트다. 이 실험은 먹는 것에 하루에 1달러씩만 쓰는 것인데, 그는 냉동 핫도그와 오렌지로 한 달을 버텼다고 한다. 실험 결과 그는 하루에 1달러로 생활하는 것도 그리 나쁘지 않다는 걸 깨달았고, 이후 주저 없이 창업을 했다. 실험하는 한 달 동안 노트북만 들고 살았는데, 그때 만든 아이디어가 테슬라의 탄생에 큰 도움이 되었다고 한다.

우리가 알고 있는 성공한 사람들의 공통점은 독서다. 왜 그럴까? 책은 계속 질문을 던진다. 책을 읽는 내내 나의 뇌는 질문에 답하기 위해 생각을 하게 된다. 이런 과정을 통해 생각이 날카로워지고 예리해진다. 이렇게 단련된 날카로운 생각으로 임계점을 뚫고 세상을 꿰뚫어 볼 수 있다.

이제 스스로 '생각 지수'를 체크해보자. 그리고 나의 생각 지수를 측정했다면 1년 동안 생각 지수를 2단계만 올려보자. 그 목표로 책을 고르고 읽고 생각하자. 쉽진 않지만 한 권으로도 가능하다. 보통 독서가들이 내 인생의 책이라고 하는 책이 그런 일을 가능하게 한다.

독서는 휘발유고 동영상 강의는 엔진오일이다. '나'라는 자동차가 빨리 잘 달리게 하고 싶다면 휘발유가 가장 중요하다. 엔진오일은 가끔 보충해주면 된다.

"당신에게 가장 필요한 책은 당신으로 하여금 가장 많이 생각하게 하는 책이다." 작가 마크 트웨인의 말이다.

10쪽 독서법

책을 읽는 게 쉽지는 않다. 나 역시 수많은 방법으로 독서를 해봤다. 지금 추천하는 독서법은 독서 초보자도 재미있게 실천할 수 있는 방법이다. 내 아내와 여러 지인을 통해서 검증된 독서법이기도 하다.

독서법의 이름은 '10쪽 독서법'. 책 한 권을 딱 10쪽씩만 읽는다. 단, 한 권만 읽는 게 아니라 여러 권을 동시에 읽는다. 독서 초보자에게는 다섯 권을 추천한다. 각 책마다 10쪽씩 읽으면 하루에 50쪽을 읽는 것이다. 더 읽고 싶어도 참는다. 딱 10쪽만 읽는다. 궁금해도 참는다. 그래야 내일의 독서가 기대되기 때문이다. 그러면 즐겁게 독서할 수 있다. 이렇게 독서에 취미를 붙여가다가 자신감이 생기면 하루에 읽을 분량을 여섯 권, 일곱 권으로 늘린다.

내가 이 독서법을 실천한 과정은 이렇다.

1. 시작

2021년 1월 2일, 갑자기 자다가 벌떡 일어나 책 30권을 골랐다. 10쪽씩 읽기 시작했다. 하루키가 《직업으로서의 소설가》에서 말한 에피파니epiphany가 바로 이런 건가. 하루키의 입을 빌리자면 "어느 날 돌연 뭔가가 눈앞에 쓱 나타나고 그것에 의해 모든 일의 양상이 확 바뀐" 느낌이라고 한다. 이런 느낌으로 시작했다. 하루 10쪽씩 30권 읽기. 나만의 독서법이 생겼다.

난 30권으로 시작했다. 그전에도 하루에 300쪽은 무난하게 읽을 수 있었다. 내 독서력은 하루 300쪽이다. 여러분도 여러분의 독서력에 맞게 권수를 설정하면 된다. 처음부터 너무 무리하지 말고 욕심내지 마라. 목표를 작게 잡고 성공의 성취감을 맛보라.

2. 왜 10쪽인가

모든 책의 첫 10~20쪽은 누구나 쉽게 읽는다. 속도도 빠르다. 그런데 시간이 지나면서 진도가 느려진다. 지루해진다.

매일 새로운 느낌, 처음 책을 접하는 느낌을 주기 위해 나는 여러 권의 책을 10쪽씩 읽어봤다. 엄청났다. 일단 13일 만에 3,000페이지 이상 읽었다. 처음 10쪽을 읽을 때의 속도와 흥미로 책을 계속 읽을 수 있다.

3. 책 선정 방법

30권의 책을 다양하게 섞는다. 소설만 30권은 안 된다. 자기계발서만 30권도 좋지 않다. 분야를 다양하게 섞어야 지치지 않고 읽을 수 있다. 사람마다 읽기 힘든 책이 있고 편한 책이 있다. 읽기 힘든 책 중에 꼭 읽어야 할 책이 있다. 이런 책은 조금씩만 끼워놓자. 그리고 10일 정도 읽어보다가 너무 힘들면 다음 달로 넘기고 일단 좀 편한 책을 읽자.

4. 장점

① 지치지 않고 읽을 수 있다. 지루하지 않다. 독서를 맘먹고 하고 싶을 때가 있다. 그럼 먼저 읽고 싶은 책들을 책상에 쌓아두고 읽기 시작한다. 그런데 진도가 안 나간다. 다른 책이 읽고 싶어진다. 진도가 더 안 나간다. 지친다. 다른 책이 읽고 싶어진다. 더 지친다. 결국 읽던 책도 포기하고 독서 자체를 포기하게 된다. 하지만 이 독서법은 이 사이클의 반복을 극복하게 해준다. 많은 책을 빨리 읽

고 싶은 욕망을 충분히 채울 수 있다.

② 오랫동안 책의 내용을 기억하고 적용할 수 있다. 오래 남는다. 매일 10쪽씩《레미제라블》다섯 권을 읽으려면 6개월이 걸린다. 6개월 동안《레미제라블》이 머릿속에 있는 것이다.《레미제라블》만 주야장천 읽는다면 10일 만에 다 읽겠지만 한 달만 지나도 내용이 거의 기억나지 않는다. 10일 동안 머금고 있다가 삼킨 것과 6개월 동안 머금고 있다가 삼킨 것의 차이이다.

③ 여러 책의 내용이 융합되면서 놀라운 아이디어들이 만들어진다. 한 권씩 읽을 때보다 훌륭한 아이디어들이 더 많이 만들어진다.

④ 읽을 책을 한꺼번에 30권 고르다 보니 한쪽 구석에 처박혀 있던, 이 프로젝트가 아니면 절대 읽지 않았을 책을 고를 수밖에 없다. 그중에 훌륭한 책을 많이 발견하게 된다.

⑤ 가방에 한 권, 식당 카운터에 한 권, 거실에 한 권, 침대에 한 권. 언제 어디서든 10쪽씩 읽을 수 있으니 성취감을 느끼게 된다.

⑥ 의외로 내용이 또렷하게 기억난다. 구분해서 읽으려고 뇌가 노력하는지 헷갈리지 않는다. 각 책을 펼칠 때마다 전날 읽은 내용이 뚜렷하게 떠오른다.

⑦ 독서 정체기가 찾아와도 다시금 책에 재미를 느낄 수 있게 해준다. 독서를 오랫동안 해온 나 역시 컨디션이 좋지 않을 땐 책이 너

무도 안 읽힌다. 2020년이 그랬다. 책은 읽고 있지만 성에 차지 않았고, 머릿속에 들어오는 느낌도 없었다.

그런데 10쪽씩 하루에 30권은 너무 재미있다. 금방 한 권의 10쪽을 다 읽고 옆에 쌓아둔다. 책이 쌓여가면서 성취감도 커진다.

⑧ 이 방법이 아니면 절대 읽지 못했을, 읽다가 중간에 던져버렸을 책을 끝까지 읽게 된다. 그런 책 중에 유용한 책이 엄청 많다. 《총 균 쇠》를 이 방법으로 드디어 끝까지 읽었다. 벽돌 책도 문제없다.

⑨ 장사 도중에 짬을 내서 독서를 할 수 있다. 한 권의 책만 읽을 땐 가게가 바빠지면 그냥 포기해버렸다. 구체적인 목표가 없어서 그랬던 것 같다. 그저 이 책을 끝까지 읽는 게 목표고 어차피 오늘 다 못 읽을 분량이니까 금방 포기하게 된다. 그런데 10쪽씩 읽을 경우에는 어떤 상황이 와도 10쪽만 읽으면 된다는 생각에 집중하게 된다.

⑩ 매일 꾸준히 해야 하는 영어 공부 관련 책은 끝까지 읽어본 적이 없었다. 그러다 이 독서법을 실천한 뒤로 끝까지 읽는 데 성공했다. 그것도 한 권이 아니라 여러 권을 동시에. 그냥 하루에 10쪽씩만 읽었을 뿐인데 끝까지 하게 된다. 나도 처음 경험하는 일이라 놀랍다. 이 방법으로 영어 공부 책을 읽으면서 영어가 엄청 늘었다.

방송에서 유창하게 영어로 말하는 내 모습을 곧 보게 될 것이다.

하루 300쪽씩 한 권을 읽으면 한 달에 30권, 하루 10쪽씩 30권을 읽어도 한 달에 30권이다. 분량으로는 똑같은 독서량이다. 그런데 한 권 300쪽을 계속 읽기는 쉽지 않지만 30권 10쪽씩이라면 얼마든지 읽을 수 있다.

이어령 교수님은《이어령의 마지막 수업》에서 미국이 세계 1위의 경제대국이 될 수 있었던 이유는 엉망진창의 힘이라고 얘기하셨다. 엉망진창의 민족끼리 섞여서 엉망진창으로 살지만, 그 엉망진창에서 나오는 창의력이 대단하다는 것이다.

"유럽과 미국의 역사를 보게.《마농 레스코》라는 소설에도 나오지만 유럽에서 창녀, 깡패, 죄수들을 전부 배에 태워 미국으로 쓸어 보내잖아. 그렇게 해서 남은 사람들로 살아가면 그게 건전한 사회인가? 아니라네. 반면 미국은 그런 쓰레기 취급받던 인간들이 함께 모여 성장해간 거야. 상처와 활을 동시에 가졌기 때문에 구대륙이 아닌 신대륙에서 새로운 종교, 정치, 문화가 끓어오를 수 있었던 거야. 사람들은 지금 미국 보고 엉망이라고 하는데, 괜한 걱정이야. 그 '엉망진창'이 어마어마한 힘이라네."

하루에 여러 권의 책을 10쪽씩 읽는 것도 엉망진창의 원리다. 내 머릿속에서 여러 권의 책 내용이 섞여 엉망진창이 된 후에 창의적인 아이디어가 떠오르는 것이다. 고인 물은 휘저어서 흙탕물을 만들어 준 후 가라앉히면 더욱 맑은 물이 된다. 딱딱해진 나의 뇌를 여러 권의 책으로 휘저어야 한다. 당신의 뇌를 깨어나게 하라.

행운은 초반 10분에 오지 않는다

우리는 점점 마무리 짓지 못하는 삶을 살고 있다. 그래도 괜찮은 시대가 돼버렸다.

핸드폰과 넷플릭스 때문이다. 넷플릭스를 보라. 콘텐츠가 어마어마하다. 우리는 저녁마다 재미있는 영화나 드라마를 보기 위해 댓글과 평가 점수를 살피면서 신중하게 고른다. 하지만 영화가 시작되면 어떤가? 10분 안에 맘에 들지 않으면 꺼버리고 다른 작품을 찾는다.

핸드폰도 마찬가지다. 본인이 선택한 신문기사를 끝까지 읽어본 적이 있는가? 단언컨대 없을 것이다. 읽을 마음도 없지만 중간중간 유혹이 너무 많다. 편하게 끝까지 읽을 수가 없다.

우린 영화를 보거나 기사를 읽을 때 '혹시 이보다 더 좋은 영화나 기사가 있는 거 아냐?'라는 조바심을 내게 된다. 그런 심리가 10분도 되기 전에 판단하고, 멈춰버리고, 다른 것들로 넘어가게 만든다. 인간관계도 마찬가지다. 대부분의 사람들이 그럭저럭 지내다 보니 욕을 먹거나 서로에게 화가 나지도 않는다.

행운은 초반 10분에 오지 않는다. 창업을 해서 돈을 벌려고 할 때도 마찬가지다. 창업에도 발단-전개-위기-절정-결말이 있다. 위기를 넘기고 절정에 달해야 돈이 벌어진다. 그런데 요즘 우리는 위기 단계에 가기도 전에 포기하곤 한다.

운동을 해본 사람은 알 것이다. 우리 몸은 훈련하는 대로 변한다. 우리의 뇌도 당연히 변한다. 핸드폰에 인터넷이 탑재되면서 바로 검색이 가능한 시대가 돼버렸다. 1초면 정답을 알 수 있으니 생각할 필요가 없는 뇌가 우리 머리에 탑재되기 시작했다. 이런 뇌는 생각을 하지 않는다. 문제는 생각하지 않는 뇌는 절대 돈을 벌 수 없다는 것이다. 세상을 볼 수 없는데 어떻게 돈을 벌 것인가.

이런 사람은 주식투자를 해도 늘 막차를 타거나 고점에서 물린다. 생각을 하지 않기 때문이다. 생각하는 사람들은 타이밍이 다르다. 생각 없이 몰려드는 사람들과 치고 빠지는 순간이 다르다. 생각이 없는 사람들은 생각하는 사람들의 밥이다. 주식은 제로섬게임이다. 누군가가 돈을 잃어야 누군가가 돈을 딴다.

모든 변화는 느리게 일어나고 모든 성과는 나중에 온다. 우리의 급한 마음에 브레이크를 걸어줄 뭔가가 필요하다. 책을 읽어야 하는 이유다.

책을 읽는 속도는 우리가 산책하는 속도다. 이 속도를 내 삶에 반드시 섞어줘야 한다. 핸드폰만 검색하는 우리는 시속 300킬로미터로 달리면서 많은 것을 보지만 정작 내게 필요한 중요한 기회를 손으로 잡을 수는 없다. 너무 빠르기 때문이다. 세상은 비록 시속 300킬로미터로 빠르게 흘러가지만 생각의 눈은 산책할 때의 속도에서만 기회를 잡아낼 수 있다. 성공한 사람들이 입을 모아 독서를 얘기하는 이유다.

독서를 통해 생각의 느린 근육을 키워야 한다. 느리게 일어나는 변화를 받아들이고 꾸준하게 뭔가를 지속하다가 마침내 결과물을 얻었을 때의 쾌감을 느껴봐야 한다.

이 쾌감은 책 한 권을 끝까지 읽었을 때 느낄 수 있다. 어쩌면 독서는 이런 쾌감을 느낄 수 있는 가장 빠른 길이다. 내가 마음만 먹으면 밤새워 책을 읽을 수 있기 때문이다. 근육은 밤새워 아령을 든다고 해서 하루아침에 커지지 않는다. 하지만 생각의 근육은 밤새워 한 독서

끝에 하루아침에 커질 수 있다. 독서를 해야 하는 이유다. 이런 쾌감을 느껴봐야 느림의 철학을 알 수 있다.

당신이 하는 일도 마찬가지다. 성과가 나오려면 어느 정도 시간이 걸리는지 속도감을 알아야 한다. 식당을 오픈하고 한 달밖에 지나지 않았는데 "형, 장사가 너무 안 돼요. 어떻게 하면 되죠?"라고 물어오는 후배들이 있다. 속도감을 모르는 것이다.

지금 사람들이 줄을 서는 대박집들이 문 열고 한 달 만에 그렇게 된 게 아니다. 그렇다면 언제까지 기다려봐야 하는가? 사람들은 정확하게 1년이면 1년, 3년이면 3년이라고 말해주길 바라지만 정확한 건 없다. 그건 사람마다 다르기 때문이다. 그래서 '나는 누구인가?'라는 질문을 던지는 것이다.

내 삶의 속도를 찾아야 한다. 각자의 속도가 있다. 1년이면 모든 걸 알 수 있는 사람이 있는가 하면 10년은 투자해야 진정한 실력이 나오는 사람이 있다. 짧다고 좋은 게 아니다. 나에게 맞는 시간과 속도가 가장 좋은 것이다.

오직 책을 읽을 때 우리 뇌는 생각다운 생각을 한다. 책의 호흡을 뇌에 입력해야 한다. 느리고 진지하지만 미래를 내다보고 끝까지 마무리 짓는 뇌를 만드는 방법은 단언컨대 독서밖에 없다.

독서를 안 하던 사람들은 처음에 책을 읽으면 엄청 답답할 것이다. 독서의 속도감을 못 견디는 것이다. 핸드폰이 마하의 속도로 움직이는 제트기라면 독서는 종이비행기다. 하지만 종이비행기의 속도로 날아야 뇌가 생각할 여유가 있다. 종이비행기를 타고 세상을 내려다봐야 세상을 읽을 수 있다. 제트기를 타면 뭘 봤는지도 모르고 그냥 지나쳐 갈 뿐이다. 생각할 겨를이 없다.

우리의 뇌를 종이비행기에 태워야 한다. 세상에 부는 바람에 올라타고 바람의 트렌드로 날아가야 한다. 그곳에 행운이 있고 돈이 있다. 제트기는 바람에 상관없이 남들이 좋다는, 남들이 추천하는 목적지로 행운의 바람 따위는 아랑곳하지 않고 날아가 버린다.

일주일에 하루면 족하다. 6일은 핸드폰과 넷플릭스와 놀더라도 하루는 책과 놀자. 그 정도는 할 수 있지 않은가? 당신의 뇌가 독에 중독됐다면 마시지 말라고 해도 해독제를 마실 것이다. 우리의 뇌는 해독제가 필요하다.

스스로 얼마나 중독돼 있는지 판단하라. 당신의 판단으로 일주일에 하루를 책에 맡길 것인지, 이틀을 맡길 것인지 선택하라. 그 선택이 생각의 시작이다. 우리 모두 건강한 뇌로 우리를 부자로 인도해줄 종이비행기에 올라타자. 독서가 해독제다.

책은 동시에 여러 권을 읽어라

앞서 말했듯이 책은 한 권이 아니라, 동시에 다양한 분야를 여러 권 읽어야 한다.

나는 아이디어가 필요할 때 항상 다양한 분야의 책들을 동시에 펼쳐놓고 읽는다. 어떤 분야를 알아야 할 땐 같은 분야의 책을 여러 권 읽어야 하고, 창의적인 아이디어가 필요할 땐 다양한 분야를 섞어서 읽는 게 좋다. 책의 내용이 서로 섞여 시너지 효과를 내기 때문이다.

내가 지구온난화와 인구의 고령화를 생각하고, 가게 위치 선정을 위한 도로의 기능과 건강에 대한 트렌드를 고민하며, 유행에 민감하지 않고 오래 갈 수 있는 메밀국수 가게를 창업할 수 있었던 것은 여러 가지 책을 펼쳐놓고 창업을 준비했기 때문이다. 이렇게 단단하게 준비한 메밀국수 식당은 코로나 시국에도 매출이 증가하는 힘을 발휘했다.

다양한 분야의 책을 동시에 여러 권 읽어야 하는 이유는 '10쪽 독서법'에서도 말했지만 엉망진창의 힘 때문이다.

건강한 호수에는 주기적으로 턴-오버turn-over가 일어난다. 바닥에 붙어 있던 부유물들이 물위로 떠오르면서 물이 엉망진창이 된다. 시간이 흐르고 엉망진창의 흙탕물이 가라앉으면 새로운 생명을 듬뿍 안은 건강한 호수가 되는 것이다. 내 머리도 엉망진창을 만들어야 새로운 생각이 탄생한다.

"핸드폰으로 수많은 정보를 봐도 엉망진창이 되는 것 아닌가요?"

아니다. 핸드폰을 통해서는 그냥 엉망진창이 된다. 그 후에 맑아지지 않는 것이다. 핸드폰을 보다가 끄는 순간 생각도 거기서 멈춘다. 생각해보라. 핸드폰을 보다가 뭔가 지적인 충격을 받아서 핸드폰을 끄고 사색에 잠긴 적이 있는가? 나는 없다.

하지만 책은 다르다. 책을 읽다가 나도 모르게 책을 덮고는 눈을 감고 생각에 잠긴다. 생각에 잠기는 이유는 머릿속이 엉망진창이 됐기 때문이다. 머릿속이 생각으로 엉망진창이 되면 더 이상 책을 읽을 수 없다. 저절로 책을 덮고 생각에 잠기는 것이다.

이 과정을 통해 창의적인 아이디어가 탄생한다. 그리고 그 아이디어를 실행에 옮겼을 때 자신이 꿈꾸던 작품이 탄생한다. 이렇게 탄생한 아이디어로 돈도 많이 벌 수 있다. 이어령 교수님은《이어령의 마지막 수업》에서 이렇게 말씀하셨다.

"동양 사람에게 꿈은 깨야 하는 것이고 이룰 수 없는 헛된 것이고 악몽이지. 서양은 달콤해. 드림이잖아. 무지개를 좇아서 식민지를 만들고 나노 테크놀로지를 만들고 로봇을 만들었지. 전부 꿈이 이끈 거야."

꿈은 깨는 것이 아니라 꾸는 것이다.

"난 화성에 갈 거야!", "난 애플을 능가하는 회사를 만들겠어!", "난 1,000억을 벌 거야!"라고 말하면 "꿈 깨!"라고 말하는 사람이 있다. 그 사람은 친구의 꿈을 깨는 사람이다. 그리고 스스로의 꿈도 깨는 사람이다. 말하는 그 순간 자신을 꿈꾸지 않는 사람으로 만들어버리기 때문이다.

모든 결과물은 꿈에서 시작된다. 꿈을 꾸어야 일이 시작되고 결과가 만들어진다. 우리는 너무 조심스럽다. 돈키호테를 보라. 돈키호테는 심지어 이룰 수 없는 꿈인 줄 알면서도 그 꿈을 향해 달려간다. 꿈이란 그런 것이다. 이룰 수 없어도 달려가야 한다. 달려가다 보면 이룰 수 없는 꿈도 이루어진다. 그런데 우리는 검증하고 또 검증해, 돌다리인 게 확인됐는데도 계속 두드려보느라 다리를 건너지 못한다.

실패를 무서워하지 말고 실패한 사람을 비난하지 말아야 한다. 그래야 건강한 사회고 창조할 수 있는 사회 분위기가 만들어진다. 이룰 수 없는 꿈을 향해 달려가는 사람에게 박수를 보내고 응원을 해야 한다. 그 사람에게 자극을 받아 나도 꿈을 꾸고 그 꿈을 향해 달려가야 한다.

당신은 지금 어떤 꿈을 꾸고 있는가? 꿈꾸지 않았다면, 꿈꾸지 못했다면 독서를 통해 꿈을 꾸자. 책 속엔 수많은 꿈이 있고 그 꿈을 현실로 만들 수 있는 방법 또한 있다. 늦지 않았다.

돈키호테는 모험을 떠날 때 "나이가 쉰에 가깝고"라고 했는데 그 당시 평균 수명을 생각해보면 죽음을 몇 년 남겨놓지 않은 때였다. 우린 언제든 꿈을 꿀 수 있고 이룰 수 있다. 스스로 불가능하다고 생각하지만 않으면 된다.

스스로에게 "꿈 깨!"라고 말하지 마라. 우리 뇌는 명령받은 대로 실행한다. 그러니 이렇게 명령하라. "꿈꿔!"

책 속에
확신이 있다

책을 통해 새로운 정보를 얻기도 하고 삶에 도움이 되는 철학을 깨닫기도 한다. 하지만 가장 중요한 것은 내 생각에 대한 확신을 얻는 것이다.

아이디어가 있지만 실행에 옮기지 못하는 이유는 확신이 없어서다. 확신이 없을 때 사람들은 주로 주변 사람들에게 물어본다. 가족에게 물어보고, 친구에게 물어보고, 성공한 사람들에게 물어본다. 사람에게 물어보는 이유는 이렇다. 실패했을 때 본인이 100퍼센트 책임을 지고 싶지 않은 것이다.

'부모님이 될 거라고 했어', '성공한 선배가 잘될 거라고 했으니까',

'주변 친구들이 괜찮은 아이디어라고 다들 말했어'라고 생각하며 실패에 대한 책임을 주변 사람들에게 전가한다. 그래야 내 마음이 편하기 때문이다.

그래서 다른 사람에게 묻지 말라는 것이다. 실패했을 때 내가 100퍼센트 책임지겠다는 마음이 있어야 실패의 교훈을 오롯이 배울 수 있다. 남에게 책임을 전가하는 순간 실패의 값진 교훈을 날려버리게 된다. 실패 후 책임을 지는 과정에서 우리는 너무나 값진 교훈을 얻는다. 그 교훈은 책도 알려줄 수 없는 어마어마한 것이다. 그런 교훈을 날려버린다면 얼마나 억울한가.

스스로 책임져야 한다. 내가 책임지기 위해서 내가 결정해야 한다. 내가 결정하기 위해서 책을 읽는다. 본인의 아이디어에 맞는 책을 찾아 읽어보라. 위대한 선구자들도 당신과 똑같은 생각을 했다는 걸 책을 통해 알게 될 것이다.

'우와, 어쩌면 내 생각과 이렇게 똑같지', '좋았어. 이 아이디어는 충분히 해볼 만해.' 이런 확신을 얻게 된다. 책이 주는 위대한 힘이다.

이럴 땐 누가 말려도 실행에 옮기게 된다. 이렇게 진행된 아이디어가 단번에 성공해서 대박이 나는 건 아니다. 하지만 스스로 책임 있게 일을 추진해가다 보면 결국 당신이 목표로 하는 사업을 어떻게 하면 되는지 스스로 알게 된다.

책을 읽고 아이디어를 떠올리고, 그 아이디어에 대한 확신을 다시 책에서 얻게 되면 저절로 실행에 옮기게 된다. 이 과정을 알게 된다면 당신은 지금 당장 돈이 없어도 엄청난 재산을 이미 가진 것이나 다름없다. 이런 선순환을 통해서 당신이 벌고 싶은 만큼의 돈을 얼마든지 벌 수 있다. 그보다 더 좋은 것은 책을 통해서 일을 만들어가는 과정이 엄청 재미있다는 것이다. 인생은 결과보다는 과정이 중요하다. 인생의 결과는 죽음밖에 없다.

'나중에 돈을 많이 벌면 나는 행복하게 살 거야.'

이런 결말은 없다. 돈을 많이 버는 과정 속에서 행복한 것이지, 돈 벌기를 딱 멈추고 그다음에 행복한 날들을 사는 게 아니다. 생각해보라. 즐겁게 일하며 돈이 벌리는데 돈 벌기를 멈출 것인가? 절대 그럴 수 없다. 왜냐면 그 과정이 가장 행복하기 때문이다. 인간은 즐겁게 일한 후에 통장에 저절로 돈이 들어와 있는 걸 볼 때 가장 행복하다. 그 돈을 바탕으로 본인이 원하는 삶을 살면 된다. 하지만 아마 더 원하는 삶이 없을 것이다. 그냥 여행 다니고 노는 것은 일시적인 행복이다.

즐겁게 일하며 돈을 벌어보라. 죽는 날까지 누가 말려도 당신은 절대 그 일을 멈추지 않을 것이다. 그때는 일이 아니라 그 자체가 노는 것이고 그 자체가 즐기는 것이고 그 자체가 행복이다. 일이 아니라 당신의 행복한 삶 자체인 것이다. 그런 일을 찾기 위해서 지금부터 책을 읽어나가면 된다.

책-아이디어-확신-실행-책. 이 선순환의 사이클을 내 몸에 장착하자.

하루 4시간씩
1년 읽으면 생기는 변화

돈이 없는 사람들은 주목하기 바란다. 돈이 없어도 탁월한 성과를 내는 일을 할 수 있다.

상상력과 창의력만 있으면 된다. 그렇다면 상상력과 창의력은 어떻게 생기는가? 방법은 독서밖에 없다. 정말 독서밖에 없다. 같은 작품이라도 영화로 보기보다는 책으로 읽어야 상상력이 훨씬 더 많이 생긴다. 또한 책에 있는 아이디어를 모방하고 따라하다 보면 창의력이 샘솟아 자신만의 아이디어가 생긴다.

마케팅의 대가이자 비즈니스 전략가인 세스 고딘은 누구도 대체

할 수 없는 사람, 린치핀(바퀴가 회전하는 부속들을 고정하는 역할을 하는 꼭 필요한 핀)이 되라고 말한다. 린치핀이 되기 위해서는 돈보다 책이 필요하다. 은행보다 서점에 더 자주 가야 한다. 서점에 자주 가다 보면 은행에 갈 일이 더 많이 생긴다.

그렇다면 돈 없이 돈을 벌 수 있는 경지에 오르려면 책을 얼마나 읽어야 할까?

하루 네 시간씩 1년이면 된다. 이 정도는 읽어줘야 내가 변한다. 꾸준함의 힘은 상상을 초월한다. 투자에서 말하는 복리의 마법보다 훨씬 강력한 힘을 갖는다.

이 정도 읽으면 자신의 임계점을 돌파할 수 있다. 1년의 노력으로 평생의 자유를 얻을 수 있다면 안 할 이유가 없다. 이 시간 동안 한 분야의 책만 읽는다면 100권 이상 읽을 수 있다. 한 분야의 책을 100권 이상 읽으면 전혀 모르던 분야라도 전문가 수준이 될 수 있다. 전공이 하나 더 생기는 것이다.

이렇게 전공을 하나씩 늘려가면 돈이 없어도 돈을 벌 수 있는 경지에 이르게 된다. 내공이 쌓이면 스스로 알게 된다. 돈 없이도 돈을 벌 수 있는 방법을. 그리고 돈 없이 돈을 벌 수 있는 아이디어가 막 떠오른다.

또 하나, 내공이 그렇게 쌓이면 돈을 가진 사람이 당신을 찾아온다. 끌어당김의 법칙에 따라 나의 내공으로 사람과 돈을 끌어당기는 것이다.

난 글쓰기에 관련된 책을 100권 이상 읽었고, 현재 글쓰기로 돈을 벌고 있다. 글쓰기 사업에 내 돈은 거의 들어가지 않는다. 커피값 정도 들어갈까? 난 손가락 움직일 힘만 있다면 죽기 직전까지 글을 쓸 것이다.

난 독서 습관이 생기면서 책 읽기가 즐거워졌다. 책을 많이 읽다 보니 저절로 글을 쓰게 됐다. 읽고 쓰는 시간들이 즐겁다. 지금 이 글을 쓰고 있는 곳은 집 주변 커피숍이고 시간은 새벽 6시 30분이다. 커피숍에는 아무도 없다. 커피 한 잔 하며 글을 쓰고 있는 이 시간이 좋다. 너무 좋은데 이 책을 다 쓰고 나면 수입이 생긴다. 이 책과 관련해서 강의도 들어온다. 강의하는 시간은 지금보다 더 좋다. 난 개그맨으로 살다가 독서를 통해 평생 즐기면서 돈도 벌 수 있는 직업을 찾았다. 내가 책을 읽지 않았다면 지금 이 직업을 어떻게 가질 수 있었겠는가.

딱 1년이다. 진정 내가 하고 싶은 일을 찾기 위해서다. 진정 자유로운 삶을 살기 위해서다. 돈으로부터 자유로워지기 위해서다. 몰래 하자. 남들 몰래 노력해야 한다. 1년이면 된다. 하루 네 시간씩 1년만 독서하면 그 어떤 투자보다 높은 수익률을 낼 수 있다.

지금 직장을 다니고 있는 사람이나 자영업을 하고 있는 사람이나 자신의 삶이 만족스럽지 못하다면 1년만 책을 읽자. 하루 네 시간씩 1년을 읽으면 독서가 습관이 된다. 그 어떤 보물보다 값진 습관이다. 독서 습관만 가진다면 내가 원하는 일을 하면서 내가 원하는 삶을 살 수 있다. 내가 그렇게 살고 있다. 내 주변에 독서하는 사람들이 그렇게 살고 있다.

지금 자신의 모습을 진단해보고 내가 원하는 삶이 아닌 남들이 원하는 삶을 살고 있다면 당장 서점으로 달려가자. 오늘부터 네 시간씩 1년만 책을 읽자. 잠을 1년만 줄이자. 1년 후에 당신은 나에게 감사 메일을 보내게 될 것이다. 기다릴게요. 당신의 메일을!

의외의 곳에
답이 있다

내게 어떤 문제가 있다면 그 문제 안에서만 답을 찾으면 안 된다. 의외로 답은 엉뚱한 곳에서 발견된다. 여러 분야의 책을 읽어야 하는 이유다.

내가 속해 있는 분야, 내가 관심 있는 분야, 내가 돈 벌고 있는 분야의 책만 읽으면 점점 정체된다. 관심 없고 읽기 힘들지만 다양한 분야의 책들을 접하다 보면 의외로 재미있어지는 분야가 있고 그 분야의 책들을 읽다 보면 내가 진짜 해야 할 일을 찾게 된다. 즐겁게 일하면서 돈도 벌 수 있는 그런 일을.

메밀국수 가게에 손님이 몰려들게 하기 위해 너무 메밀국수만 생각하면 안 된다. 메밀국수의 맛, 메뉴, 가격, 포장, 배달 등등은 기본적으로 해결한 후에 창업을 해야 한다. 나는 '메밀국수 가게를 오픈하고 어떤 이벤트를 할까? 돈 들이지 않고 고객들을 모을 방법이 없을까?' 고민하며 책을 읽었다. 나는 메밀국수 가게를 하면서 동시에 강의를 하는 게 목표였다. 그래서 강의 관련 책을 읽다가 '그래 여기서 강의를 해보자. 무료 강의를'이란 생각을 했다.

그래서 메밀국수 가게에서 드립커피 관련 강의, 다이어트 운동 강의, 다이어트 식단 강의, 작사 강의 등 무료 강의를 시작했다. 한 번 강의할 때마다 20~30명 정도가 모였다. 강의는 오전 10시에 시작해서 11시 45분쯤 끝냈다. 11시 45분이면 거의 점심시간이다. 강의는 무료지만 식사는 유료다. 무료 강의를 들은 분들은 고마운 마음에 한 분도 빠짐없이 식사를 하셨고, 심지어 포장도 해 가셨다. 요식업을 하시는 분들은 알 것이다. 점심시간에 일단 30명이 예약돼 있으면 얼마나 하루가 든든한지. 관광버스가 한 대 와서 식사를 하고 가는 것이다.

여러분은 어떤 일을 하고 있는가? 커피숍을 하고 있는가? 앱을 제작하고 있는가? 어떤 물건을 만들어 팔고 있는가? 내 사업과 전혀 관련 없는 책에서 내 사업의 묘수를 얻을 수 있다. 현대사회에서는 특히 그렇다. 미술사를 공부하다 커피숍의 성공 비결을 알 수 있고 개미의 행동에 대한 책을 읽다가 새로운 앱에 대한 힌트를 얻을 수 있다.

내 경험에 의하면 내 전공과 관련된 책에서 얻어지는 아이디어들은 내 일을 안정적으로 이끌어주고, 내 전공과 관련 없는 분야에서 번쩍하고 떠오른 아이디어들은 내 사업을 한 단계 업그레이드시켜준다.

나는 '돈'서관에 간다

나는 도서관을 '돈'서관이라 부른다. 도서관에 가면 돈이 생기기 때문이다.

추석 연휴가 끝나면 내가 운영하는 식당은 비수기에 접어든다. 좀 한가하다. 이때 나는 '돈'서관에 간다.

남산도서관에 가면 입장권부터 뽑아야 하는데 난 그걸 모은다. 도서관 입장권이 내겐 돈으로 보인다. 한 장에 1,000만 원짜리 수표다.

난 1년에 100일 정도 '돈'서관에 간다. 그리고 1년에 10억 매출을 올린다. 10억 매출의 비결이 '돈'서관이다. 갈 때마다 한 번에 1,000만 원씩 버는 것이다.

코로나 기간에도 매출이 늘 수 있었던 건 순전히 독서 때문이다. 책을 읽고 책이 시키는 대로 했더니, 코로나 시기에도 매출을 늘릴 수 있었다. 지금 쓰고 있는 이 책에 담긴 내용들이 다 내가 책에서 배운 것들이다. 독서를 하지 않았다면 알 수 없는 장사의 비결들이다.

주변의 '돈'서관을 찾으라. 입장권을 모아라. 한 장에 1,000만 원짜리 수표다. 20억 매출을 올리고 싶다면 200장을 모으면 된다. 하루에 30분이어도 좋다. 오전에 한 번, 저녁에 또 한 번 가서 하루에 2,000만 원을 모아도 좋다.

내 연봉을, 내 매출을 2배로 올리고 싶다면 '돈'서관에 가야 한다. 가만히 앉아서 연봉이, 매출이 오르기만 기다리면 안 된다. 가만히 앉아 있고 싶다면 '돈'서관에 가서 앉아 있으라. 책을 안 읽어도 된다. '돈'서관에 앉기만 하면 생각을 하게 된다.

책이 읽기 싫으면 자신을 읽어라. 그게 더 좋다. 나는 얼마짜리인가? 얼마짜리가 되길 원하는가? 지금 내가 벌 수 있는 돈은 얼마인가? 더 벌려면 어떻게 해야 하는가? '돈'서관에 가서 이런 질문을 던져보라. 집에서, 차에서 던질 때보다 훨씬 빨리 답을 찾을 수 있다.

내가 '돈'서관에 가는 이유다. 난 겨울이면 '돈'서관에 돈을 주우러 간다. 하루에 1,000만 원씩 주워 오는데 안 갈 사람이 있겠는가!

4

結

돈의 선순환을 만드는 부의 내공

월급 외 100만 원을 만드는 방법

창업을 준비하는 많은 사람이 직장을 다니면서 고민을 시작한다. 누군가는 그렇게 해서는 성공할 수 없으니 당장 회사부터 나오라고 하고, 누군가는 안정된 직장이 있을 때 모든 준비를 마치라고 말한다. 난 그런 이들에게 이렇게 조언해주고 싶다.

"아침에 두 시간 일찍 일어나라. 그거면 된다."

간단하다. 평소 일어나는 시간보다 두 시간 먼저 일어나라. 1년이면 충분하다.

만약 당신이 오전 6시에 일어난다면, 이제부터 새벽 4시에 일어나라. 잠이 부족하면 전날 밤 11시에 자면 된다. 피곤하다면 친구도 만

나지 말고, 술도 마시지 마라. 새벽 4시에 일어나면 세수를 하고 책을 읽어라. 졸리면 이를 악물어라. 1년이면 된다. 이 방법 말고는 탈출 방법이 없다.

생각해보라. 당신이 이토록 치열했던 적이 있었는가? 아마 고3 때 말고 남들 자는 새벽에 일어나 책을 읽은 경험이 없을 것이다.

상상해보라. 새벽 4시에 일어나 스탠드 조명 아래 앉아 책을 읽고 있는 당신의 뒷모습을.

지금 마음속에 창업에 대한 고민이 있다면 망설이지 말고 내일부터 당장 시작하라. 알람이 울리면 단번에 벌떡 일어나라. 스스로에게 약속을 지키는 사람이 되라. 새벽 4시부터 두 시간 동안 독서한 후 출근해보라. 하루가 얼마나 뿌듯한지 모른다. 퇴근 후 술자리를 가지는 동료들을 뒤로하고 자기 전까지 계속 독서하라.

뭘 읽어야 할지 모르겠다면 창업과 관련된 책을 아무거나 골라라. 장담컨대 다섯 권만 읽으면 뭔가 보이기 시작한다. 아이디어가 떠오르고 방향이 보이기 시작한다. 그 방향과 관련된 책을 계속 읽어라.

당신은 책을 싫어하는 사람이 아니다. 단지 기회가 없었을 뿐이다. 지금 이 책을 읽고 있는 걸 보면 알 수 있다. 당신은 책과 함께 성공할 사람이다. 결국 책의 도움으로 창업하고 그 과정을 담은 책도 출간할 것이다. 창업과 책에 관한 유튜브로 사회 초년생들을 도울 것이다. 강의도 하게 된다. 결국 출판과 유튜브, 강의에서 생긴 수입이 당신의 주 수입을 넘어선다. 이 길이 책을 읽는 사람들이 가는 길이다. 당신은 이미 이 길로 들어왔다. 잘 왔다. 환영한다. 단 조건이 있다. 반드시 창업하고 반드시 성공해야 한다. 작게 시작하라. 거창하지 않아도 된다.

본업 외에 부동산 경매로 현금 흐름 132만 원을 만든 한 유튜버는 책도 출간하고 강의도 하고 유료로 정보도 제공한다. 아마 이 친구는 본업 이외의 수입이 훨씬 클 것이다. 작게 창업하고 작게 성공하라. 큰돈만 감동을 주는 게 아니다. 사실 큰돈은 공감대가 떨어진다. 몇조, 몇천억은 우리와 먼 이야기다. 직장에 다니면서 당신이 만들 수 있는 현금 흐름이 반드시 있다. 일단 월급 외에 100만 원을 목표로 해보자.

"월급 외에 매월 100만 원의 현금 흐름을 만들려면 어떻게 해야 하는가? 난 무엇을 할 수 있는가?"

매일 새벽 4시에 일어나 질문을 던지고 책을 읽어라. 100일이 되기 전에 반드시 뭔가를 알아낼 것이다. 현금 흐름을 만들고 나면 꿈같은 시간들이 당신을 기다리고 있다.

난 지금 욕지도라는 섬에서 이 책을 쓰고 있다. 새벽 2시부터 6시까지 글을 쓰고, 낮에는 낚시와 요리를 하고, 저녁엔 노을을 즐기며 쉰다. 내가 이렇게 할 수 있는 이유는 메밀국수로 현금 흐름을 만들었기 때문이다. 책을 읽는 당신도 충분히 할 수 있다. 지금처럼 계속 읽으면 된다. 직장을 계속 다니면서 새벽 4시에 일어나 직장을 탈출할 계획을 세워라. 그러면 직장 생활도 즐거워진다. 직장 내에서 누군가 괴롭혀도 웃을 수 있다. 웃으며 생각하라.

'난 새벽 4시에 일어나는 사람이야. 난 현금 흐름을 만들 거야. 그리고 여길 떠날 거야.'

얼마나 설레는 일인가. 아무에게도 말하지 마라. 부디 조용히 아무도 모르게 당신만의 무기를 만들어라. 책을 손에 든 당신은 할 수 있다. 책을 모르는 당신 동료는 절대 못 한다.

당신이 승리할 수밖에 없는 이유다. 정리해보자.

❶ 내일부터 새벽 4시에 일어난다.

❷ 질문을 던진다. "월급 외에 매월 100만 원의 현금 흐름을 만들려면 어떻게 해야 하는가? 난 무엇을 할 수 있는가?"

❸ 질문을 생각하며 책을 읽는다.

❹ 1년 동안 계속한다.

❺ 현금 흐름을 만든다.

❻ 그 과정을 담은 책을 출간한다.

❼ 유튜브를 한다.

❽ 강의를 한다.

❾ 될 때까지 반복한다.

당신은 할 수 있다. 당신이 이 책을 읽고 있기 때문이다.

슬로 스타터의 힘

메밀국수 가게를 창업한 지 10년째다. 창업 2, 3년 만에 프랜차이즈를 수백 개씩 만들고 돈을 빨리 버는 사람들을 보면서 '나는 왜 저렇게 못 할까?'라고 생각한 적이 있었다. 하지만 책을 읽으며 '어떻게 하면 나도 만족스럽게 확장할 수 있을까?'로 질문을 바꿨고, 지금은 내 속도에 맞춰서 앞으로 나아가고 있다.

난 굉장히 느린 편이다. 책을 좋아하지만, 독서 초반엔 이해 못 하는 책이 더 많았다. 그런 책을 읽으려고 덤볐다가 좌절하고 독서를 포기할까도 생각했었다. 하지만 책 속에 나오는 대부분의 성공한 사람들이 '슬로 스타터'라는 걸 알고 오히려 내 속도를 사랑하게 됐다.

KFC 창업자 커넬 할랜드 샌더스는 1,000번이 넘는 실패 후 68세에 결국 KFC를 창업한다. 에이브러햄 링컨은 27번의 실패 후 51세에 대통령에 당선된다. 레이 크록은 53세에 맥도날드 왕국을 만들었다.

빠름과 느림은 중요하지 않다. 나만의 속도를 찾는 게 중요하다. 독서를 통해 나는 슬로 스타터라는 걸 알게 되었고 마음이 편해졌다. 계속 나아갈 수 있는 힘을 얻었다.

장사도 인생도 그랬다. 장사는 네 번을 실패하고 다섯 번째 성공했다. 무려 43세의 나이에 말이다. 결혼도 스물여덟부터 하고 싶었는데 마흔셋에야 했다.

돈은 절대 한 번에 '쾅' 하고 벌어지지 않는다. 특히 초반에 어느 정도의 자본금이 쌓일 때까지는 속도가 엄청 느리다. 이 속도를 견뎌야 한다. 그리고 알아야 한다. 이 속도가 돈이 쌓일수록 점점 빨라진다는 것을. 문제는 이 속도를 견디는 게 쉽지 않다는 것이다. 그래서 중요한 것이 있다. 돈으로부터 멀어지는 것이다.

돈이 있어야 행복한 사람은 마음이 급해진다. 돈을 좇기에 바쁘다. 충분히 공부하고 준비해야 하는 시간을 모두 건너뛰고 섣부르게 일을 벌이다 실패한다. 이런 사람은 빨리 돈을 벌고 싶은 마음에 자신의 노동으로 버는 돈이 성에 안 찬다. 주식에 무리하게 투자하고 빚을 내서 코인에 투자한다. 남들이 그렇게 돈을 벌었다는 말에 귀가 솔깃해진다.

그 기간을 버티려면, 돈 없이 행복하려면 성취감에서 행복을 찾아야 한다. 작게 자주 성공하라. 인간은 목표를 달성할 때 행복하다. 인간은 쌓아갈 때 행복을 느낀다.

돈도 그렇다. 100만 원을 소비하며 느끼는 행복보다 10만 원을 버는 행복감이 더 크다. 그런데 돈이 쌓이는 것보다 더 좋은 게 생각이 쌓이는 것이다. 기억은 과거 지향적이고 생각은 미래 지향적이다. 생각의 크기는 곧 돈의 크기다. 생각이 커지면 돈도 커진다.

속도는 사람마다 다르다. 그러니 남과 비교하지 말고 자신만의 속도를 찾아 자신만의 속도로 나아가라. 조바심을 내는 순간 돈은 멀어진다. 하지만 돈을 좇지 않으면 마음에 여유가 생기고 덕분에 좋은 아이디어가 탄생한다. 그 좋은 아이디어로 만들어진 제품에 당연히 사람들이 열광하니 돈을 벌지 않으려 해도 통장에는 돈이 계속 쌓인다. 선순환의 정석이다.

부자는 시간 약속을 철저하게 지킨다

세네카의《인생이 왜 짧은가》에 보면 이런 구절이 나온다.

"'우리가 사는 것은 인생의 일부분에 지나지 않는다.' 그 나머지는 삶이 아니라 그저 시간일 따름이지요."

우리 인생은 10대에는 시속 10킬로미터로, 30대에는 시속 30킬로미터로, 50대에는 시속 50킬로미터로, 70대에는 시속 70킬로미터로 지나간다는 말이 있다. 나이 먹을수록 시간이 빠르게 지나간다는 뜻이다.

어릴 땐 시간이 느리게 지나간다. 어린이는 마음대로 살기 때문이다. 자유롭게 사는 사람은 시간이 느리게 지나간다. 하루하루가 알찬 시간들이기 때문이다.

하지만 학교에 입학하면서부터 시간이 빨리 간다. 학교의 지시를 받기 때문이다. 졸업 후 사회에 나오면 시간은 더 빨리 간다. 사회의 지시가 학교보다 강하기 때문이다. 월급날만 바라보며 시키는 일만 하는 사람은 1년이 12일처럼 지나간다. 은퇴 후에는 이마저도 없다. 5년, 10년이 순식간에 지나가 버리고 죽음의 순간을 맞이하게 된다.

그러는 사이에 우리는 지시받는 삶에 익숙해져버린다. 중국집에서 메뉴를 고를 때조차도 옆 사람이 "난 짬뽕 시킬 테니까 넌 짜장면 시켜서 나눠 먹자"라고 말해줘야 마음이 편해진다.

그나마 자유로운 것이 여행이다. 그래서 사람들은 여행을 동경한다. 내가 원해서 가고, 보고, 먹고, 느낀다. 직장인들은 1년 내내 지시를 받고 일하다가 1년에 한 번 휴가를 간다. 휴가를 다녀오면 1년이 다 지나간 것처럼 느낀다.

하지만 우리는 여행이 아니어도 매 순간 자유로울 수 있다. 끌려다니지 않으면 된다. 지시받으려고 서 있는 줄에서 뛰쳐나와 자신의 시간을 자유롭게 살면 된다.

자본주의사회에서 끌려다니지 않으려면 돈으로부터 자유로워야 한다. 자본의 흐름을 선순환으로 만들어야 한다. 방법은 '가치'를 만드는 것이다. 사회에 필요한 가치를 만들면 돈은 저절로 따라오는 선순환 구조가 만들어진다.

창업을 하든 직장에 다니든 자신이 하는 일에서 가치를 만들 수 있어야 한다. 그렇지 않으면 끌려다니는 삶을 살면서 그 사람의 시간은 총알처럼 지나가 버린다. 스스로 하는 일에서 가치를 발견해야 자존감이 높아진다. 은퇴 후 우울증에 걸리는 이유가 '나는 이제 더 이상 이 사회에 필요하지 않구나'라는 생각 때문이다.

당신은 지금 어떤 가치를 만들고 있는가? 당신이 하는 일에서 가치를 생각해본 적은 있는가? 사람들은 가치라고 하면 무조건 돈을 생각한다. 하지만 돈과 상관없이 가치 있는 일이 더 많고, 그런 가치를 만들다 보면 없는 돈도 생겨난다. 돈을 좇는 순간, 세월은 '훅' 하고 지나가 버린다.

"새해가 시작된 게 엊그제 같은데 벌써 세 달이나 지나갔어."

이렇게 말하는 사람은 세 달 동안 가치를 만들지 못한 사람이다. 하루하루 가치를 만드는 사람은 절대 그렇게 말하지 않는다. 그렇게 느껴지지 않기 때문이다. 가치를 만드는 사람은 끌려가지 않고 인생을 지배한다. 시간을 지배한다.

누구에게나 주어진 시간은 똑같은데, 어떤 사람은 돈을 벌고 어떤 사람은 그러지 못한다. 시간에 대한 개념 때문이다. 부자들은 약속을 잘 지킨다. 시간을 지배하기 때문이다. 시간에 끌려다니는 사람들은 항상 약속 시간에 늦는다. 그런 사람이 부자가 될 가능성은 없다.

시간은 돈이다. '시간'이라는 단어를 '돈'으로 바꿔도 의미가 같아진다.

- 난 '시간'이 없어. ⋯→ 난 '돈'이 없어.
- 흐르는 '시간'을 막을 수 없어. ⋯→ 흐르는 '돈'을 막을 수 없어.
- 밥 한 번 먹게 '시간' 좀 내봐. ⋯→ 밥 한 번 먹게 '돈' 좀 내봐.

그런데 유일하게 안 맞는 게 있다. "난 '시간'이 남아돌아."

우리는 시간을 막 대하는 경향이 있다. 타인에게 "시간 좀 내봐"라고 말하는 것은 '돈'보다 더 가치 있는 걸 달라고 하는 것이다. 그러니 약속을 잡을 때는 그만큼 신중해야 하고 꼭 지켜야 한다.

시간에 끌려다니는 사람은 아침에 늘 억지로 겨우 일어난다. 알람을 두 번, 세 번 새로 맞춘다. 이불을 정리할 정신도 없이 양치하고 세수하고 회사로 뛰어가며 연신 '늦지 않았나?' 시간을 체크하고 조바심을 낸다. 이렇게 시작한 하루가 좋은 결과를 낼 수 없는 건 당연하다. 게으름과 부지런함에 대한 얘기가 아니다. 시간을 그냥 흘려보내지 말고 내 시간을 살아야 한다는 것이다.

내 시간을 산다는 것은 내가 있어야 할 곳에서 가치를 만들어낸다는 의미다. 당신이 있는 그곳에서 가치를 만들어낼 때 당신은 존재 가치가 있는 것이다. 자연의 모든 것은 자기 자리에서 가치를 만들어낸다. 들에 핀 풀꽃 한 송이도, 작은 개미 한 마리도 최선을 다해 가치를 만들어내기 때문에 자연이라는 이름의 존재 가치를 가진다. 우리가 인간이라는 존재 가치를 가지려면 최선을 다해 내 시간을 살아야 한다.

최선을 다한다는 것은 시간을 지배하는 것이다. 1초도 그냥 흘려보내지 않고 가치를 만들어내는 것이다.

"일이 너무 재밌는데, 통장에 돈도 들어와"

내가 생각하는 최고의 직업은 "하고 싶은 일을 신나게 즐기면서 했더니 나중에 통장에 돈도 들어와 있더라"라고 말할 수 있는 직업이다.

스티븐 스필버그 감독이 영화 「인디아나 존스」를 촬영할 당시, 해리슨 포드를 차에 묶은 채 끌고 가는 장면을 찍다가 친구이자 시나리오 작가인 조지 루카스에게 이렇게 말했다고 한다.

"친구, 우린 정말 복 받은 사람들이야. 왜냐면 난 지금 이 일이 너무 신나고 재밌어 죽겠는데 끝나고 나면 통장에 엄청난 돈도 들어와 있으니까 말이야."

하고 싶은 일을 즐겁게 했는데 통장에 돈도 들어오는 상태! 모든 사람이 꿈에 그리는 직업일 것이다.

하지만 내가 강의를 하면서 청중에게 하고 싶은 일이 뭐냐고 물어보면 대부분은 모르겠다고 대답한다. 그나마 하고 싶은 일이 있다고 대답하는 사람들도 스스로 찾아낸 일보다는 남들이 좋다고 말하는 일을 선택하려고 한다.

내 머리로, 내 가슴으로 '하고 싶은 일'을 찾지 못하는 데는 이유가 있다. 생각을 하지 않아서 그렇다. '생각'이라는 단어를 사전에서 찾아보면 이렇게 정의되어 있다.

❶ 사물을 헤아리고 판단하는 작용.

❷ 어떤 사람이나 일 따위에 대한 기억.

❸ 어떤 일을 하고 싶어 하거나 관심을 가짐, 또는 그런 일.

3번을 보라. 관심을 가지는 것 자체가 생각을 한다는 말이다. 왜 생각을 해야 하는지 알 수 있다.

생각을 자주 해야 하는 이유는 그래야만 진짜 내 생각을 알 수 있기 때문이다. 우리가 하는 대부분의 생각은 다른 사람에 의해 주입되거나 미디어를 통해 세뇌당한 것들이다. 이런 생각으론 진정 내가 원하는 것을 알 수 없다.

생각하는 시간을 가져야 한다. 그러지 않으면 하고 싶지 않은 일을 억지로 하며 돈을 벌 수밖에 없다. 하고 싶지 않은 일을 억지로 할 때 스트레스가 가장 심하다. 아마도 암 환자가 점점 늘어나는 이유 중에 이런 스트레스도 포함될 것이다.

인간을 제외한 지구상의 모든 생물은 하고 싶은 일을 하며 살아간다. 주어진 환경 속에서 무리하지 않고, 가장 하고 싶은 일을 하는 것이다. 남들이 제시해준 조건에 맞추려 하지 않고, 남들이 좋다고 하는 일을 하지 않으며, 남들이 시키는 일을 하지 않는다. 그저 주어진 조건 속에서 마음대로 산다.

인간만 욕심을 부린다. 생각은 하지 않고 그저 남들이 좋다는 일을 하려고 무리수를 둔다.

인간은 하고 싶은 일을 하며 살아야 한다. 내가 하고 싶은 일을 자유롭게 할 수 있는 조건과 장소를 찾으려면 생각을 해야 한다. 하지만 지금 당장 가만히 앉아서 생각을 해보려 해도 쉽지 않을 것이다.

생각하는 힘이 있어야 생각을 할 수 있다. 근육을 키우듯 생각의 힘을 키워야 한다. 근육을 키우려면 체육관에 가서 운동을 하면 된다.

똑같다. 생각을 키우려면 책상에 앉아 책을 읽으면 된다.

책을 읽으면 그냥 앉아서 생각하는 것보다 수천, 수만 배의 힘이 생긴다. 그냥 가만히 앉아서 사색에 잠기려면 엄청난 내공이 필요하다. 하지만 책을 읽으면 생각을 안 하려 해도 저절로 생각을 하게 된다.

많이도 필요 없다. 생각을 하게 해주는 단 한 권의 책만 만나면 한 순간에 인생의 비밀을 발견할 수 있다. 내가 원하는 것이 무엇인지, 내가 하고 싶은 일이 무엇인지, 그 답을 스스로 찾게 된다.

스스로 찾는 힘이 곧 생각이다. 결국 생각이 내 삶을 자유롭게 해준다. 생각하는 사람은 남이 시키는 대로 살지 않는다. 그래서 스트레스가 없다. 건강하다. 행복하다.

지금 이 순간에도 생각에 잠기는 당신의 모습을 보라(책을 읽고 있으니 가능해진 것이다). 당신은 이제 하고 싶은 일을 신나게 즐기면서 나중에 확인해보면 통장에 돈이 왕창 들어와 있는 경험을 할 자격을 갖췄다.

지금처럼 계속 책을 통해 생각하기 바란다. 스트레스 없는 당신의 삶을 응원한다.

돈 버는 마음가짐

바둑이나 장기를 둘 때 옆에서 훈수 두는 사람이 묘수를 더 잘 찾아낸다. 왜 그럴까?

마음가짐의 차이다. 바둑을 두는 사람은 이겨야 한다는 강박관념에 뇌와 몸이 긴장한다. 그 결과 마음이 조급해진다. 마음이 조급해지면 눈에 아무것도 보이지 않는다. 반면에 훈수를 두는 사람은 이길 필요가 없다. 그러니 긴장도 하지 않는다. 그 사람은 단지 바둑을 즐길 뿐이다. 즐기기 때문에 묘수가 떠오르는 것이다. 힘을 빼야 경기에서 이길 수 있다.

내가 운영하는 가게 옆 건물에 불이 난 적이 있다. 갑자기 벽면이 활활 타오르는데 아무 생각도 나지 않았다. '뭘 해야 하는 거지? 어디로 가야 하는 거지?' 불이 난 건물에 있다고 생각해보라. 계단으로 가야 하나, 엘리베이터를 타야 하나, 위로 가야 하나, 아래로 가야 하나. 조급해진 마음은 눈을 어둡게 만든다.

돈을 벌 때도 마찬가지다. 조급하면 긴장하고, 긴장하면 실패한다. 돈을 빨리 벌겠다고 덤비면 덤빌수록 돈은 도망간다. 당연하다. 돈을 빨리 벌려 할수록 무리수를 둘 확률이 크다. 바둑의 용어를 빌리면 악수惡手를 두는 것이다.

돈을 벌고자 한다면 빨리 벌겠다는 생각을 버려야 한다. 더 나아가 돈을 벌겠다는 생각 자체를 지워야 한다. 돈은 벌려고 덤빈다고 벌리는 게 아니다. 돈은 버는 게 아니라 저절로 벌리는 것이다. 돈을 좇지 말라고 하는 이유다. 돈을 따라오게 만들어야 한다.

돈은 가치가 있는 곳에 나타난다. 고로 돈이 나를 따르게 하려면 내가 가치를 만드는 사람이 되어야 한다. 가치를 만드는 삶이 즐기는 삶이다. 돈을 좇는 삶은 힘든 삶이다.

주식투자를 예로 들어보자. 오직 돈을 벌겠다는 마음으로 주식을 사면 마음이 조급해진다. 주가가 조금만 내려도 불안해진다. 며칠 동안 안절부절못하다가 주식을 판다. 팔고 나면 바로 오른다. 이런 행동을 반복한다. 많은 주식투자자가 이렇게 돈을 잃는다.

주식투자로 가치를 만드는 방법은 그야말로 기업에 투자하는 것이다. 내가 주식을 산 기업이 잘되도록 응원하고 지켜보고 힘을 실어주는 것이 가치 있는 투자다. 이런 마음으로 주식을 사면 주가 변동에 일희일비하지 않는다. 조급해하지 않는다.

난 주식 공부를 시작하며 엘지생활건강을 한 주 샀다. 그다음부터 마트에 가면 엘지생활건강 제품만 보인다. 얼마 전 엘지생활건강 로고가 박혀 있는 손비누를 구매했다. 아내는 디자인이 예쁘지 않다고 했지만 난 이 손비누로 손을 씻을 때마다 즐겁다. 디자인이 조금 더 예뻤으면 좋겠다고 이메일도 보냈다.

'세균아 꼼짝 마' 핸드워시를 사용 중입니다. 손 씻는 느낌이 좋고 마무리도 깔끔합니다.

다만 제 아내가 용기 디자인이 조금 더 예뻤으면 좋겠다고 하네요.^^

엘지생활건강 항상 응원합니다. 주식도 한 주 샀습니다. 120만 원일 때 샀습니다.

지금 많이 내렸지만 괜찮습니다. 전 10년 동안 안 팔 거니까요.

믿어요. 엘지생건! 파이팅!

난 차석용 부회장을 인터뷰한《그로잉 업》을 읽고 엘지생활건강의 팬이 되었다. 팬심으로 주식을 산 것이다. 주가가 떨어지면 함께 마음 아파할 뿐, 주식을 팔지는 않는다. 그저 계속 응원하며 지켜본다. 머지않아 오를 거라는 믿음도 있다. 그리고 지금 나는 그 120만 원이 당장 필요하지도 않다. 주가가 올라가면 고마운 것이고 떨어져도 상관없다. 최소 10년 동안은 팔지 않을 것이기 때문이다. 10년 동안은 주가가 올라도 떨어져도 나와는 상관없는 일이다. 여윳돈이 생기면 한 주씩, 한 주씩 또 살 계획이다. 자기가 좋아하는 연예인을 위해서 기꺼이 돈을 던지는 팬심과 같다.

오로지 돈을 벌려고 주식을 사면 하루하루가 지옥이다. 주가 변동 그래프에 따라 내 기분도 요동친다. 가격이 떨어지면 내 돈이 날아갈까 걱정이고 가격이 올라가면 언제 팔아야 할지, 내가 팔고 나면 더 오르는 건 아닌지, 모든 순간이 걱정이다. 이런 투자는 옳지 않다.

바둑판에 선수가 아닌 구경꾼으로 입장하라. 오로지 이기는 기술만 생각하지 말고 즐기는 묘수를 생각하라. 힘을 빼고 여유를 가져라. 여유는 내공에서 나온다. 내공은 독서와 사색과 경험으로 쌓는다. 어떤 위기 상황에도 여유 있게 즐기는 사람이 매력적이다. 그런 매력적인 사람에게 모든 것이 따라간다. 돈도 당연히 따라간다.

3년만 미쳐라

매년 연말이 되면 트렌드에 관한 책이 쏟아진다. 유망 업종들이 발표되고, 사람들은 그런 트렌드를 좇아 다음 해를 준비한다. 물론 이렇게만 해도 성공할 수 있다. 이런 준비마저 안 하는 사람이 대다수니까. 평균적으로 20~30퍼센트의 사람들이 이런 준비를 하고, 이들은 '충분한' 돈을 벌게 된다. 그야말로 충분한 돈이다.

충분한 돈이 아닌, 진짜 큰돈을 버는 사람들은 어떻게 할까? 진짜 큰돈을 버는 1퍼센트의 사람들은 트렌드를 좇지 않고 트렌드를 만든다. 음악, 패션, 음식 등 모든 분야가 그렇다. 유행을 좇는 사람들은 그저 그런 호응을 얻는 것에 그치지만, 유행을 만들어내는 사람들에게는 열광이 뒤따른다.

트렌드를 좇는 사람들은 한 발짝 앞선 미래를 본다. 그리고 트렌드를 만드는 사람들은 두 발짝 앞선 미래를 내다본다. 스티브 잡스, 일론 머스크, 샤넬 같은 사람들이 바로 두 발짝 앞선 미래를 내다본 사람들이다. 이들은 어떻게 두 발짝 앞선 미래를 내다볼 수 있었을까? 일론 머스크의 트윗에서 답을 찾을 수 있다.

"하루 16시간, 주 7일, 1년 52주 일을 하는데도 사람들은 나를 행운아라고 부른다(Working 16 hours a day, 7 days a week, 52 weeks a year and people still calling me lucky)."

요행은 없다. 지름길도 없다. 공부밖엔 답이 없다. 공부해야 한다. 그래야 트렌드를 만들 수 있다. 하지만 무서워하지 말고, 미리 지치지도 말고, 불가능하다고 생각하지 마라. 당신도 할 수 있다.

평생을 이렇게 하라는 이야기가 아니다. 집중력 있게 딱 3년만 미쳐보자. 난 책에 미쳤었다. 3년간 매일 책을 읽어 연간 200권 이상의 책을 읽었다. 그때 나는 부쩍 자랐다. 미래를 내다보는 눈이 훌쩍 커졌다. 지금 당신의 위치가, 지금 당신의 삶이 마음에 안 든다면 당장 모든 걸 끊고 계획을 세우기 바란다.

트렌드를 만들려면 스스로 트렌드가 되어야 한다. 독서하고 꿈을 꾸고 경험을 쌓아야 한다. 이런 과정 없이 감동을 줄 수 없다.

모방에서 창조를 이루라고 말한다. 맞는 말이다. 하지만 공부가 동반되지 않은 모방은 창조가 아니라 흉내일 수밖에 없다. 지금 많은 식당이 흉내만 내서 장사하고 있다. 이런 식당들은 성공하기 힘들다.

모방을 통해 경험을 쌓고, 독서를 통해 재창조의 과정을 거쳐야 한다. 그렇게 스스로 트렌드가 되면 이제 당신이 꿈꾸던 상상을 현실로 만들어라. 사람들은 당신의 꿈에 열광할 것이다.

딱 3년이다. 제발 '너무 오래 걸리잖아?'라고 생각하지 마라. 이게 가장 빨리 가는 길이고, 가장 오래 가는 방법이다. 당신의 지난 3년을 돌이켜보라. 도대체 뭘 했는가?

일론 머스크처럼 하루 16시간씩 일하며 3년만 살아보자. 그러면 당신이 만든 모든 것이 트렌드가 되고 돈은 저절로 따라온다. 이걸 선순환이라고 한다. 지금까지 당신은 악순환의 굴레 속에서 살아왔다. 끌려다니면서 살아왔다. 남들이 시키는 일만 하며 살아왔다.

악순환을 선순환으로 바꾸는 데 3년이 필요하다. 한 번만 바꾸면 된다. 선순환의 궤도에 올라타면 영원히 선순환으로 살 수 있다. 난 마흔 살에 선순환으로 전환했고 지금까지 10년 넘게 단 한 번도 끌려다니며 살지 않았다. 누구나 할 수 있지만 누구나 이 사실을 믿진 않는다. 부디 믿음을 가지고 선순환의 궤도에 오르기 바란다. '부자'와 '빈자'의 차이는 바로 이 믿음의 차이에서 시작된다.

돈에 대해서
꼭 알아야 할 것

돈에 대해 꼭 알아야 할 것이 있다. 100억 또는 1,000억의 목표를 달성한 후가 더 중요하다는 것이다. 이때까지의 계획을 미리 세워야 한다.

목표를 달성하면 얼마 동안은 좋다. 축하 파티도 하고 여행도 다녀온다. 하지만 곧 공허함이 몰려올 것이다. 그래서 목표 달성 후의 계획도 세워야 하는 것이다.

인생에서 은퇴는 죽음밖에 없다. 죽기 전에 우린 계속 달려야 한다. 멈추면 오히려 힘들다. 멈추면 행복하지 않다. 일단 목표 달성으로 얻은 돈을 잘 관리해야 한다. 버는 것보다 지키는 게 더 어렵다.

철저한 경제·금융에 관한 공부로 돈의 흐름을 선순환으로 만들어야 한다. 이것마저 달성하면 시간의 여유가 생긴다. 그때도 쉬지 말고 다른 사람을 위해 일하라. 당신의 성공 비결을 나눠라. 이제 막 창업을 준비하는 사람들에게 스승이 돼라. 계속 달려야 한다. 어차피 죽는 순간에 우린 멈추게 된다. 그전까지는 계속 달려야 한다. 숨차다고 생각하지 마라. 인간은 달릴 때 행복하다. 당신 역시 어떤 목표를 향해 열심히 달렸던 적이 있을 것이다. 고3 때도, 취업을 준비할 때도, 창업을 준비할 때도, 연애를 시작할 때도 우린 열심히 달렸다. 돌이켜보라. 그 순간이 가장 아름답지 않은가.

성자 안젤름 그륀은 "머물지 말고 흘러라"라고 말한다. 우린 어디론가 끊임없이 흘러갈 때 행복하다. 직장 생활이 지옥처럼 느껴지는 이유는 멈춰 있기 때문이다.

꼭 장소적인 문제가 아니다. 직장 안에서 시키는 일만 하기 때문에 멈춰 있는 것처럼 느껴진다. 직장 내에서도 얼마든지 흘러갈 수 있다. 자기 주도적으로 일을 하면 된다. 내가 기획을 하고 목표를 달성하기 위해 누구보다 먼저 출근하고 싶은 마음이 생기도록 만들면 된다.

그냥 물 위에 떠서 물이 데려가는 곳으로만 가지 말고 적극적으로 노를 저어 때론 거꾸로도 올라가야 한다. 죽은 물고기만 물을 따라 그냥 흘러 내려간다. 인간은 의지를 가지고 움직일 때 행복하다. 목표한 돈을 벌었다고 그 자리에 머물면 불행해진다. 부자들 중에 의외로 "사는 게 왜 이렇게 재미가 없지?"라고 말하는 사람이 많다. 머물러 있기 때문이다.

평생 계획을 미리 세워야 한다. 질문을 던져라. 목표 금액을 달성한 후에 어떻게 살 것인가? 그리고 상상하라. 수백억 자산가가 돼 있는 자신의 모습을. 누군가를 돕고 있는 자신의 모습을. 매일 골프 치고 여행 다니는 당신보다 훨씬 아름답지 않은가!

즐기는 건 뭐든지 자주 하고 오래 하면 질린다. 그래서 점점 더 큰 쾌락을 찾고 결국 마약에까지 손을 대는 부자들을 우리는 많이 봐왔다.

놀면서 느끼는 쾌감은 낮은 수준의 쾌감이다. 타인을 도울 때 느끼는 쾌락이 가장 높은 수준의 쾌락이다. 다른 사람을 도우면 죽음 앞에서도 내 삶이 자랑스러울 것이다.

자, 이제 큰 그림이 그려졌다.

❶ 자신을 믿고 얼마를 벌지 목표를 정하라.

❷ 목표를 향해 달려가라. 지치지 말고 끈기 있게 달려가라. 불가능은 없다. 할 수 있다.

❸ 목표 금액을 달성하고 현금 흐름을 선순환으로 만들어라.

❹ 여기까지 달성했다면 이제 축하하라. 자신을 칭찬해주어라. 여행도 다니고 좀 쉬어라.

❺ 이제 다시 다른 사람들을 돕기 위해 달리자. 내가 가진 경험을 나눠주라. 세상에 가치를 만들어라.

❻ 죽음 앞에 갔을 때 당신의 삶이 자랑스러울 것이다.

'제대로 된 돈'을 벌어라

돈을 버는 것도 중요하지만 제대로 된 돈을 버는 것이 더 중요하다.

제대로 된 돈은 선순환을 일으켜서 또 다른 돈을 몰고 온다.

반대로 억지로 번 돈, 끌려다니며 번 돈은 오로지 나를 위해서만 쓰이며 절대 다른 사람을 위해서는 쓰이지 않는다. 당연히 다른 돈을 몰고 오지도 못한다.

돈은 흘러야 한다. 돈은 쌓아놓는 게 아니다. 다른 사람을 위해서 내보내든가, 재투자를 통해 돈의 흐름을 만들어줘야 한다. 돈은 물과 같다. 고인 물이 썩는 원리와 똑같다. 먼저 들어온 물을 내보내야 더 큰 물이 들어온다.

그렇다면 제대로 된 돈은 어떻게 벌 수 있는가? '가치'를 만들면 된다. 가치價値를 사전에서 찾아보면 '인간 행동에 영향을 주는 어떠한 바람직한 것'이라고 나온다. 제대로 된 돈을 벌려면 바람직한 것을 만들어야 한다.

만약 당신이 식당을 한다면, 당신이 만든 음식이 바람직해야 한다. 돈을 좇으면 바람직한 음식이 탄생하지 않는다. 돈을 좇으면 원재료비를 줄일 수밖에 없고, 바람직하지 않은 재료로는 바람직한 음식을 만들 수 없다.

물론 돈을 벌고자 하는 욕망 자체가 나쁜 건 아니다. 다만, 돈에 대한 생각은 마음 뒤편으로 꽁꽁 숨기고, 가치를 맨 앞에 내세우라는 것이다. 내가 만든 음식이 가치가 있는지, 내가 만든 음식이 사람들에게 이로운지, 내가 만든 음식이 그야말로 바람직한지를 보라. 그리고 이런 음식을 만들 수 있다면, 돈 걱정은 하지 않아도 된다. 돈은 바람직한 곳으로 모이기 때문이다.

바람직한 음식을 파는 곳엔 고객들이 모인다. 고객들이 기꺼이 돈을 지불하고, 기꺼이 소문을 내준다. 가치의 뜻에 '인간 행동에 영향을 주는'이란 구절이 있는 것처럼 고객들의 행동에 영향을 준 것이다.

음식을 먹고 기쁜 마음으로 낸 돈, 이런 돈이 제대로 된 돈이다. 이런 돈은 친구들이 많다. 1만 원이 100만 원, 1,000만 원의 친구들을 데려온다.

나는 '100퍼센트 국산 재료로, 100퍼센트 직접' 만드는 메밀국수를 목표로 한다. 그러기 위해서 단순해졌다. 어느 누구도 만들지 못하는 한 가지 음식을 만들어, 음식을 먹은 고객이 행복한 미소를 짓는다면 그걸로 만족하기로 했다. 음식을 먹은 고객이 미소 지으니, 통장에 돈이 저절로 들어온 건 아주 자연스러운 흐름이었다.

우리는 그동안 거꾸로 생각하며 살아왔다. 창업도, 취직도, 결혼도 돈부터 계산하고 시작했다. 그렇게 시작된 악순환은 결과가 좋지 않다.

아직 늦지 않았다. 지금부터 이윤을 생각하지 말고 고객을 미소 짓게 할 가치를 만들어내자. 이런 음식이라면 코로나가 다시 닥쳐와도 고객들은 당신을 외면하지 않는다. 당신이 만든 가치가 인간 행동에 영향을 주는 바람직한 것이기 때문이다.

첫 단추를 돈으로 끼우지 말고 바람직한 가치로 시작하라. 돈을 앞세우는 순간 악순환이 시작된다.

반드시 알아야 하는 경제·금융 용어

피아노를 치려면 악보를 볼 줄 알아야 한다. 바이올린을 연주하려면 역시 악보를 볼 줄 알아야 한다. 악보를 못 보면 "학교종이 땡땡땡" 정도밖에 연주할 수 없다.

부자가 되려면 부자의 악보를 읽을 수 있어야 한다. 그런데 사람들은 부자의 악보는 읽을 줄도 모르면서 부자가 되려고 한다. 그건 마치 악보를 못 읽는 사람이 모차르트를 연주하겠다며 마구 건반을 두드리는 것과 마찬가지다. 이런 식으로 세상을 아무리 두들겨도 돈은 내게로 오지 않는다.

부자들의 악보란 경제·금융에 대한 지식이다. 스노우폭스의 김승호 회장은《돈의 속성》에서 꼭 알아야 할 경제·금융 용어 96가지를 제시한다. 이 중에 당신은 몇 개를 들어보았고 다른 사람에게 설명할 정도로 알고 있는 건 몇 개인지 체크해보라.

가산금리, 경기동향지수, 경상수지, 고용률, 고정금리, 고통지수, 골디락스 경제, 공공재, 공급탄력성, 공매도, 국가신용등급, 국채, 금본위제, 금산분리, 기업공개, 기준금리, 기축통화, 기회비용, 낙수효과, 단기금융시장, 대외의존도, 대체재, 더블딥, 디커플링, 디플레이션, 레버리지 효과, 만기수익률, 마이크로 크레디트, 매몰비용, 명목금리, 무디스, 물가지수, 뮤추얼펀드, 뱅크런, 베블런효과, 변동금리, 보호무역주의, 본원통화, 부가가치, 부채담보부증권CDO, 부채비율, 분수효과, 빅맥지수, 상장지수펀드ETF, 서킷브레이커, 선물거래, 소득주도성장, 수요탄력성, 스왑, 스톡옵션, 시뇨리지, 신용경색, 신주인수권부사채BW, 실질임금, 애그플레이션, 양도성예금증서, 양적완화정책, 종합자산관리계좌CMA, 연방준비제도FRS/연방준비은행FRB, 엥겔의 법칙, 역모기지론, 예대율, 옵션, 외환보유액, 워크아웃, 원금리스크, 유동성, 이중통화채, 자기자본비율, 자발적 실업, 장단기금리차, 장외시장, 전환사채, 정크본드, 제로금리정책, 주가수익률PER, 주가지수, 조세부담률, 주당순이익EPS, 중앙은행, 증거금, 지주회사, 추심, 치킨게임, 카르텔, 콜옵션, 통화스왑, 투자은행, 특수목적기구SPV, 파생금융상품, 평가절하, 표면금리, 한계비용,

헤지펀드, 환율조작국, M&A

읽기만 해도 머리 아프다고 포기하면 안 된다. 보통 여기서부터 갈라진다. 부자가 될 사람은 이걸 공부하고 그렇지 않은 사람은 이 지점에서 포기한다.

딱 일주일이면 된다. 부자의 걸음마를 시작하라. 부자가 되려면 최소한 알아야 할 96가지 경제·금융 용어다. 수단과 방법을 가리지 말고 알아내야 한다. 이런 개념을 모르고 부자가 된 사람은 한 명도 없다. 물론 물려받은 부자는 있겠지만 자수성가한 부자는 없다.

그래도 도무지 공부할 의지가 생기지 않는다면 경제·금융 용어 96가지를 모두 마스터하면 일단 96억의 자산을 가질 기본은 갖춘 것이라고 생각하라. 용어 하나당 1억이라고 생각하는 것이다.

난 매일 한 개씩 다른 사람에게 가르친다는 생각으로 영상을 찍어 유튜브에 올리고 있다. 만약 이 책을 읽는 당신이 혼자 시작하기 힘들다면 일단 고명환의 유튜브(고명환tv)에서 96가지 영상을 맛보기로 보라. 이 글을 쓰고 있는 2021년 12월 22일 현재 42탄 '빅맥지수'를 올렸다. 이제 절반 가까이 공부했는데 이미 경제의 흐름이 어느

'고명환tv' 꼭 알아야 할 경제·금융 용어 설명 영상

정도 내 몸속에 자리 잡은 느낌이다. 김승호 회장이 왜 이걸 공부하라고 했는지 알겠다.

혼자서 벌 수 있는 돈은 한계가 있다. 돈이 돈을 벌게 해야 한다. 난 자칭, 타칭 엄청 부지런한 사람이다. 그 성실함으로 무조건 혼자 열심히 하면 부자가 될 줄 알았다. 그런데 그게 아니었다. 내가 노동으로 버는 돈보다 돈이 스스로 버는 돈이 훨씬 많다는 것을 깨달았다. 이 두 가지가 함께 굴러갈 때 부자가 되는 것이다.

난 그동안 주식, 경매, 부동산, 펀드 같은 것들을 몰랐다. 이런 건 왠지 도박과 비슷한 안 좋은 것이라 생각했다. 하지만 이젠 아니다. 그 누구보다 열심히 주식, 경매, 펀드, 부동산을 공부하고 있다. 투자를 안 하더라도 이쪽을 공부해야 경제를 알고 내가 갈 길을 잡을 수 있다.

지도 없이 떠나는 여행은 성공하기 어렵다. 96가지 경제·금융 용어를 공부하기 싫은 사람은 부자가 되기도 싫은 사람이다. 이걸 모르고 절대 부자가 될 수 없다. 한 가지씩 차근차근 알아보자. 유튜브만 찾아봐도 쉽게 알려주는 사람들이 많다. 96가지 개념을 모두 이해하면 스스로 경제인이 되었다는 느낌이 생길 것이다. 경제·금융인이 되어야 부자가 된다.

나쁜 돈, 허망한 돈,
건강한 돈

돈에는 성격이 있다. 돈의 성격은 크게 세 가지다. 건강한 돈, 허망한 돈, 나쁜 돈이다.

나쁜 돈은 내게 들어오면 원래 내가 가지고 있던 돈까지 데리고 나간다. 대표적으로 도박을 해서 번 돈이 그렇다. 도박으로 돈을 버는 건 잠깐이다. 번 돈은 다시 도박으로 날리게 된다. 어디 그뿐인가. 한 번 돈을 땄던 달콤한 기억에 내 돈과 심지어 남의 돈까지 빌려서 날려 버리게 된다. 이런 나쁜 돈은 자신뿐만 아니라 주변 사람들까지 파멸로 몰고 간다. 도박도 나쁘고 도박과 같은 투자도 나쁘다.

허망한 돈은 어쩌다가 생기는 목돈이다. 연예인과 같은 프리랜서

들이 가장 많이 느끼는 돈이다. 한동안 수입이 없다가 갑자기 행사가 생겨 목돈을 받는다. 불규칙하게 돈이 들어오니 계획을 세울 수 없다. 계획이 없으니 이런 돈은 어영부영하다 보면 어느새 먼지처럼 사라지고 없다. 그래서 갑자기 생긴 1억 원보다 꾸준히 들어오는 10만 원의 힘이 세다고 하는 것이다.

마지막으로 건강한 돈이다. 건강한 돈을 벌면 그 돈은 친구들을 데리고 온다. 이건 요즘 내가 절실히 느끼는 것이다. 지금 내가 팔고 있는 갈비 가격은 9,900원이다. 가끔씩 아내에게 농담으로 "9,900원짜리 갈비를 팔려고 이 인력이 매달려서, 숯불까지 피우는데 너무 남는 게 없는 거 아냐?"라고 말하지만, 난 꾸준함의 힘을 절실히 느끼고 있다.

매일 들어오는 9,900원의 힘은 엄청나다. 저 멀리서 9,900원이 친구들을 데려오는 모습이 보인다. 소리가 들린다. 프랜차이즈에 대한 문의가 바로 그 소리다. 그렇기 때문에 즐거운 마음으로 손님들의 갈비를 뒤집어줄 수 있다.

내가 판매하는 갈비는 9,900원이고 메밀국수는 1만 원이다. 누군가는 '겨우 그거?'라고 할 수도 있지만 월요일 빼고 일주일에 6일 동안 하루도 쉬지 않고 내게 들어온다. 꾸준하고 일정하게 돈이 들어오기 때문에 확실한 투자 계획을 세울 수 있다.

이 건강한 돈으로 나는 육수공장을 세우고 있다. 그다음엔 메밀과 관련된 모든 제조공장을 차릴 것이다. 들쭉날쭉 돈이 들어온다면 이런 계획을 세울 수 없다. 건강한 돈을 벌고 건강한 돈으로 계획을 세워야 비로소 건강한 부자가 될 수 있다.

우리 대놓고 한번 벌어보자

내 수입의 90퍼센트는 메밀국숫집 운영과 책 쓰기, 강연에서 생긴다. 개그맨으로 버는 돈은 10퍼센트 정도밖에 안 된다.

내가 책을 읽지 않았다면 메밀국수 시장도 몰랐을 것이고, 책 쓰기는 더더욱 몰랐을 것이다. 아마 지금도 강연이 아닌 개그맨으로서 행사만 다녔을 것이다.

지금 하는 일이 너무 행복하다. 요리도 재밌고, 독서도 재밌고, 글쓰기도 재밌다. 난 독서를 통해 내 재능을 찾았다. 무엇보다 자유가 있다. 누군가 나에게 지시하지 않는다. 몇 시까지 어디로 오라 가라 하지 않는다. 내가 원해 즐기면서 하는 일인데 수입도 발생한다. 그것도 꽤 많이.

내가 돈을 버는 방법은 '독서-아이디어 발생-실행-돈'의 구조다. 돈을 벌겠다고 작정하고 책을 읽으면 책은 목표를 달성할 수 있도록 해답을 알려준다. 책을 통해 돈을 많이 번 후에 돈의 노예가 되지 않는 법 역시 책을 통해 배우면 된다.

지금 당장 자신의 목표액을 써보자. 50억, 100억 다 좋다. 자신이 벌 수 있는 최대한의 금액을 써보라.

썼으면 이제 다짐을 하면서 책을 읽자. 100억을 벌 때까지 독서를 하겠다고. 100억을 벌 때까지 오늘 목표한 분량을 어떻게든 읽겠다고. 이렇게 책을 읽다 보면 내가 필요로 하는 돈이 얼마인지, 내가 벌 수 있는 돈이 얼마인지, 왜 돈이 필요한지, 어떻게 돈을 쓸 건지 저절로 알게 된다.

10억을 벌고 싶으면 10억을 벌 때까지 계속 책을 읽으면 된다. 난 이 방법밖에 모른다. 나한텐 이 방법이 제일 쉽다. 책을 읽고 있으면 돈을 벌 수 있는 아이디어가 계속 떠오른다. 실행할 용기가 없을 때 책을 좀 더 읽다 보면 확신이 생기고, 어느 순간 행동에 옮기고 있는 나를 발견한다. 오래 걸리지 않을 거라는 자신감이 책을 읽을수록 더 생생하게 와 닿는다.

- 당신은 어떤 일을 하고 있는가?
- 지금 하고 있는 일 외에 어떤 일을 해본 적이 있는가?
- 다른 일을 해보려고 계획해본 적은 있는가?
- 자신이 잘할 수 있는 분야를 알기나 하는가?
- 지금 자신이 가고 있는 길이 즐겁고 행복한가?
- 아니면 그저 먹고살기 위해서 참으며 견디고 있는가?

수많은 기회가 열려 있는 현대사회다. 당신이 할 수 있는 일이 엄청나게 많다. 하지만 가만히 있으면 모른다. 어디 가서 뭘 해봐야 되는지조차 모르는데 어떻게 진짜 내 일을 찾겠는가?

다양한 분야의 책을 읽고 다양한 삶을 머릿속에 그려보라. 책은 실제 경험하지 않아도 경험한 것처럼 느끼게 해준다. 내가 메밀국숫집을, 책 출간을, 강연을 할 줄 어떻게 알았겠는가? 30대 후반까지도 몰랐다. 그리고 이 일을 하는 내가 이렇게 즐거워할 줄 어떻게 알았겠는가.

천천히 찾으면 된다. 지금 하고 있는 일을 하면서 찾으면 된다. 당신 속에 웅크리고 앉아 당신이 불러주기만 기다리는 진짜 '나'를 깨우자. 당신을 향해 미소 짓는 진짜 '나'가 보이는가? 그 모습으로 살면 된다. 무엇을 할지는 책이 알려줄 것이다.

"나는 어렸을 때, 돈이 인생에서 가장 중요하다고 믿었다. 나이가 든 지금, 나는 내가 옳았음을 안다."

오스카 와일드의 말이다.

모든 것이 '당연해진다'

"이 정도 맛이니 당연히 장사가 잘되지."

흔히 장사가 잘되는 식당에 가서 우리가 하는 말이다. 그런데 이 말에 바로 진리가 있다. 식당으로 돈을 버는 사람들은 돈을 벌려고 음식을 만드는 것이 아니라는 점이다. 그저 당연히 손님이 몰려 올 수밖에 없는 음식을 만든 것뿐이다.

그렇다. 돈은 버는 것이 아니라 그냥 '당연히' 벌리는 것이다. 마치 겨울이 가고 봄이 반드시 오는 것과 같다. 이 정도로 준비하면 당연히 잘 팔릴 거라는 확신이 설 때까지 준비를 하면 무조건 된다.

이연복 셰프님은 이런 자신감이 있었기에 골목 끝에 들어가서 가게를 열었다. 당연히 손님이 올 거라는 사실을 알았던 것이다. 이렇게 판을 벌려놓으면 사람들이 모일 거라는 사실을 아는 이들이 있다. 그들이 판을 벌리면 돈은 당연히 따라온다. 그들에게 돈은 당연한 것이다.

이런 감각을 키워야 한다. 이 감각이 내공이다. 내공이 쌓이면 돈은 당연한 것으로 보인다. 투자도 마찬가지다. 주식으로 돈을 버는 사람들은 주식이 오르길 기대하면서 투자하지 않는다. 당연히 오르는 곳에 투자하기 때문이다. 전쟁이 터지면 어떤 주식이 당연히 올라가는지 안다. 코로나19가 지나가면 어떤 주식이 올라가는지 안다. 온난화가 심해지면 어떤 주식이 올라가는지 안다. 중국과 사이가 좋아지면 어떤 주식이 올라가는지 안다.

주식으로 돈을 버는 사람들은 세상이 어떻게 돌아가는지 안다. 이걸 당연히 아는 힘이 바로 내공이다.

내공은 독서와 경험을 통해 쌓인다. 내공이 단단해지면 모든 분야를 그렇게 당연하게 볼 수 있다. 그러니 투자도 그냥 당연한 곳에 하는 것이다. 당연히 세상은 이렇게 흘러갈 것이고, 당연히 이 주식의 주가가 올라갈 것이라는 사실을 안다. 얼마나 신나겠는가?

그리고 이 정도 내공이 쌓이면 돈의 필요성을 못 느끼는 단계가 된다. 필요성을 못 느끼는 게 아니라 딱 내가 가질 수 있는 만큼만 가지게 된다. 돈에 대해서 스트레스가 사라진다. 이 단계가 진정한 부의 내공이다. 이런 내공을 가진 사람들이 기부를 하는 것이다. 돈을 어떻게 써야 하는지 알기 때문에 당연한 곳으로 돈을 흘려보내는 것이다.

이런 고수가 되고 싶지 않은가. 난 '당연한' 경지에 오르고 싶어서 책을 읽는다. 하지만 이런 마음조차 내려놓을 수 있어야 고수의 반열에 오를 수 있다. 마음을 비워야 채울 수 있고, 욕심을 버려야 높이 날아오를 수 있다. 높은 곳에서 볼수록 '당연한' 세상을 볼 수 있다.

돈에 대해서 초월할 때 비로소 당연히 돈을 벌 수 있다. 아직도 돈을 좇고 있다면 그 마음부터 내려놓아라. 어떻게 내려놓는지 방법을 모른다면 일단 자신에게 이렇게 선포하라.

"난 돈을 좇지 않겠다."

"난 당연한 돈을 벌겠다."

"돈 버는 것이 당연해질 때까지 책을 읽겠다."

"돈 너머의 세상을 보겠다."

"비워야 채워진다는 이치를 깨달을 때까지 내공을 쌓겠다."

이런 단계로 나아가면 된다. 그러다 보면 뉴스를 보다가 '당연히' 어떤 주식의 주가가 오를 거라는 사실을 '당연히' 알게 되는 날이 온다.

축하한다. 당신에게 돈을 좌지우지할 수 있는 내공이 생긴 것이다. 그때부터 당신에게 주어진 당연한 삶을 살면 된다.

책을 읽다가 떠오른 아이디어를 모아놓았다. 누구든지 사용할 수 있는 아이디어다. 이 아이디어를 그대로 가져다 써도 좋고, 자기 스타일로 변형하면 더 좋다. 무에서 유를 창조하는 것은 굉장히 어렵다. 하지만 모방 후 재창조는 누구나 쉽게 할 수 있다. 조금만 노력하고 패턴을 찾으면 된다.

여기 있는 아이디어들을 읽다 보면 자신에게 맞는 새로운 아이디어가 떠오를 것이다. 당신의 위대한 아이디어를 위한 밑거름이 됐으면 좋겠다.

나만의 수저함이 있는 백반집

백반집 벽에 수저 보관함 수백 개가 가나다순으로 배치돼 있다. 자리에 앉기 전에 내 이름이 적힌 수저 보관함에 가서 숟가락 젓가락을 가지고 온다. 이렇게 하면 거의 매일 여기서 점심이나 저녁을 먹을 것이다. 초개인화에 집중한 가게다. 코로나19 이후 관심이 높아진 개인위생과 안전도 마케팅 포인트다.

하얀 김치전

이태원에 하얀 떡볶이로 유명한 식당이 있다. 김치전도 하얗게 부쳐서 맛있는 양념과 함께 내면 어떨까? 하얀 김치전은 힙하다. 정확한 레시피는 이메일을 보내면 알려주겠다.

김치전 전문점

수만 가지의 김치전과 주류만 판매한다. 기본 김치전, 오징어 김치전, 갑오징어 김치전, 무늬 오징어 김치전, 조갯살 김치전, 동태 김치전, 삼겹살 김치전, 달걀 김치전, 버섯 김치전, 해조류 김치전, 치즈 김치전, 피자 김치전, 김치전 덮밥(김치전은 밥이랑 잘 어울리니 오므라이스 같이 덮밥을 만든다), 쫄면 김치전(김치전 위에 쫄면을 올려 김치전으로 쫄면을 싸 먹는다), 수육 김치전(김치전 위에 수육을 올려 싸 먹는다), 골뱅이 김치전(김치전 위에 골뱅이 무침을 올린다), 만두 김치전(각종 군만두를 올려준다) 등등. 이런 식으로 계속 만들어 본인이 자신 있는 김치전으로 메뉴를 구성하고 막걸리 위주의 주류를 판다. 막걸리도 종류별로 다양하게 준비하라. 비싼 고급 막걸리도 좋다.

안초비 파스타

봄에 노량진 수산시장에 가니 생멸치가 5킬로그램에 2만 원이었다.

너무 싱싱하고 저렴했다. 집에 멸치를 사 와 안초비를 만들었다. 어렵지 않았다.

이렇게 안초비 만드는 모든 과정을 사진으로 찍어 가게에 걸어둔다. 직접 만들었다는 것을 강조한다. 그리고 안초비로 파스타를 만든다. 순수 안초비 파스타와 함께 오징어, 문어, 새우, 가리비, 바지락, 해삼, 멍게 등 해산물을 곁들인 메뉴를 구성한다.

그밖에 안초비 소고기 파스타 등 안초비랑 어울리는 메뉴들을 구성한다. 안초비에 관해서는 이 가게가 가장 전문적이라는 인식을 심어주라.

은퇴하면 무조건 가는 곳, 여수

여수 엑스포 부지에 50대 후반~60대들을 위한 휴양 시설 및 교육 시설을 짓는다. 외국에 온 것 같은 느낌이 들도록 지어야 한다. 왜냐하면 사람들은 은퇴하면 세계일주 같은 해외여행을 한번 하고 싶어 하기 때문이다. 하지만 해외여행이 여의치 않은 이들이 분명 있을 것이고, 그런 사람들에게는 이곳이 대안이 되어야 한다.

은퇴하면 제일 먼저 가는 곳, 여수! 여유로운 쉼이 있는 곳, 여수! 여수라는 이름도 너무 잘 어울린다. 여수라는 글씨를 이용해서 '여유로운 쉼'이라는 로고를 디자인할 수 있다.

하지만 휴식만 있어서는 안 된다. 은퇴 후 30~40년은 더 살아야 하는데 어떻게 살아야 할지 배운 적이 없다. 교육이 필요하다. 휴양 시설과 함께 교육 시설이 필요한 이유다. 재취업 교육과 노후자금 관련 투자 교육, 상속과 세금 관련 교육, 건강에 대한 교육 등이 이뤄진다. 교육 시설에 관해서는 정부의 지원을 받을 수도 있다. 공공사업이 되는 것이다.

베스트 초이스

장사에 게이미피케이션(gamification: 게임이 아닌 분야의 문제 해결에 게임적 사고와 과정을 적용하는 것) 기법을 활용한다. 예를 들어 술집을 한다고 하자. 우선 술부터 주문하게 한다. 안주는 한 가지씩 나오는데, 수량이 한정돼 있다. 그래서 다음에 나올 안주가 뭔지 모니터에 띄우고 월미도 디스코팡팡처럼 DJ가 안주를 소개한다. "자, 다음은 동해안에서 잡은 국내산 생태찌개 다섯 그릇이 나옵니다. 테이블의 버튼을 먼저 누른 순서대로 다섯 테이블에 생태찌개를 드립니다. 다음은 제주 흑돼지로 만든 제육볶음 7인분!" 이런 식으로 금방 조리한 안주를 다양하게 맛볼 수 있게 하는 콘셉트다.

게임 요소가 가미돼 있기 때문에 고객들은 재미를 느낀다. 왠지 모를 경쟁 심리로 버튼을 누르게 되고 평소보다 많은 안주를 시키게 된다.

식당 주인은 준비한 모든 재료를 소진하고 재고 없이 운영할 수 있다.

셀프 CF

스스로 광고를 만들어 올리면 조회수에 따라 광고주가 돈을 준다. 예를 들어 나이키 광고를, 마치 틱톡 영상처럼 창의적으로 찍어서 올렸는데, 100만 명이 봤다면 나이키에서 돈을 안 줄 리가 없다. 새우깡 CF 영상을 만들어 올렸는데 1,000만 명이 봤다면 농심에서 돈을 안 줄 리 없다. 회사는 어차피 인력과 시간을 들여 광고 영상을 만들어야 하는데 그 부담을 전 세계인이 대신 져주는 것이다.

광고주로부터 받은 돈 50퍼센트를 크리에이터에게 준다. 조회수가 1만 명이면 얼마, 10만 명이면 얼마 하는 식으로 제휴를 맺으면 된다. 전 세계 회사들을 상대로 제휴할 수 있다.

('이건 정말 대박인데'라는 생각에 2021년 2월 8일 SELF-CF.COM 도메인을 샀다. 이 아이디어를 같이 실행하실 분은 저에게 연락주세요. 이건 정말 괜찮은 아이디어예요. 같이합시다. 시스템을 개발할 수 있는 분, 연락 주세요. 연락 주시는 분께 50퍼센트의 지분을 드릴게요. 같이합시다. 제 책을 읽어주신 모든 분이 후보입니다.)

하루 전 애플리케이션

모든 배달 음식을 하루 전에 주문하게 한다. 하루 전에 주문하면 일단 음식점이 좋다. 모든 것을 여유롭게 시간에 딱 맞게 준비할 수 있다. 내가 해봐서 안다. 점심시간에 한 번에 주문이 몰리면 음식 만드는 시간이 일정하지 않다. 재료도 갑자기 떨어진다. 하루 전에만 주문한다면 얼마든지 여유롭게 준비할 수 있다.

하루 전에 주문하면 할인을 해줄 수도 있다. 소비자는 저렴하게 먹을 수 있고 식당은 여유 있게 판매할 수 있다. 우리가 살아가는 하루하루가 대부분 비슷하다. 미리 계획하면 내일 먹을 점심을 얼마든지 미리 주문할 수 있다.

최고의 장점은 배달이다. 요즘 배달 인원이 부족해서 점점 배달비가 올라가는 실정이다. 배달비가 올라가면 소비자와 업주 모두 힘들다. 하루 전에 주문하면 동선과 시간을 미리 조율해서 동시에 여러 건을 배달할 수 있다. 배달비를 낮추면서 다양한 배달 인원을 구할 수 있다. 이렇게 식당과 배달의 동선을 하루 전에 미리 짜서 연결해주는 애플리케이션. 이게 바로 내가 만든 아이디어, 이름 하여 '하루 전'이다.

한식 브런치 전문점 '아점'

한식으로 깔끔하게 브런치를 제공한다. 가게 이름도 '아점'이다. 흔히 파는 브런치는 매일 먹기에는 느끼하다. 요즘 집에서 요리를 하지 않는 경향이기 때문에 한식으로 브런치를 제공한다면 매일 먹으러 오는 손님들도 있을 것이다.

핵심은 아침 7시부터 장사하는 것이다. 너무 일찍 문을 여는 것 아니냐고? 그럼 일찍 닫으면 된다. 오후 2시까지 영업하라. 그 이상 할 필요가 없다.

피시 버거 전문점

육류는 건강에 해롭다는 인식이 강해지고 있다. 열악한 축산 환경, 항생제와 성장촉진제의 남용 등이 이유다. 바다도 상황이 좋지는 않지만 그래도 육류보다는 해산물이 건강한 느낌이다.

그래서 피시버거만 전문으로 파는 프랜차이즈를 생각해보았다. 감자튀김은 없다. 오징어튀김과 새우튀김만 있다. 자연산 광어 버거, 통영 참돔 버거, 제주 방어 버거, 낚시꾼이 잡은 자연산 돌돔 버거, 생선 스테이크를 곁들인 브런치, 톳과 꼬시래기 등 해조류 샐러드를 곁들인 브런치 등.

가격이 조금 비싸더라도 이렇게 전문적으로 물고기와 해조류 그리고 각종 해산물로 건강한 레스토랑 프랜차이즈를 만들 수 있다.

같이 먹어요 '한끼'

요즘은 1인 가구가 많다. 먹고 싶은 음식이 있어도 양이 많아서, 혹은 혼자 먹기엔 비싸서 못 먹는다. 그래서 이런 음식을 함께 먹을 수 있는 플랫폼을 만들면 어떨까 생각해보았다. 플랫폼은 결제 시스템으로 돈을 모아서 식당에 결제를 하고 수수료를 받아가는 방식이면 되겠다.

only Nike

나이키 운동화, 나이키 의상, 나이키 모자 등 나이키 제품을 착용한 사람만 입장할 수 있는 식당이다. 식당 내부는 온통 나이키의 역사로 인테리어돼 있다. 오므라이스 위에는 나이키 로고가 케첩으로 그려져 있다. 스테이크 접시에도 소스가 나이키 로고 모양으로 뿌려져 있다. 스파게티 위에는 새우가 나이키 로고 모양으로 배열돼 있다. 사장님이자 셰프가 나이키 마니아다.

일단 이 콘셉트는 '재밌다.' 특히 대학가에서 이런 콘셉트로 음식점을 한다면 반드시 성공한다. 당일 나이키 제품을 착용하지 않았다면 사진으로 나이키 제품을 착용한 모습을 보여주면 된다. 진짜 들어가고 싶은데 사진도 없다면 입구에 준비해둔 매직으로 나이키 로고를 즉석에서 그리고 입장하게 한다. 옷이든, 신발이든, 아니면 몸이라도 괜찮다.

나이키 본사에서도 나이키 상표를 이렇게 사용하는 것에 대해 뭐라고 하지 않을 것이다. 오히려 이런 콘셉트의 가게가 유명해지면 나이키와 제대로 컬래버를 할 수도 있다. 그날이 올 때까지 최선을 다해 음식을 만들자.

꼭 나이키가 아니어도 좋다. 당신이 좋아하는 브랜드로 도전해보라. 당신만의 아이디어를 만들어라.

오이 볶음밥

아내 친구들에게 오이 초밥을 만들어 보내고 남은 오이로 뭘 할까 하다가, 볶음밥을 만들어 얇게 저민 오이로 쌈을 싸듯이 먹어봤다. 이건 훌륭한 메뉴다. 하지만 단일 메뉴로 식당을 만들 순 없으니(독점할 수 없기 때문에) 볶음밥을 판매할 수 있는 식당에 도전해보기 바란다.

감자나 오이 껍질 벗기는 칼로 오이를 얇게 포를 떠서 소금간만 살짝 한 다음, 볶음밥과 함께 예쁘게 담아 내놓는다. 오이의 상큼함과 볶음밥의 감칠맛이 더해져 입안이 행복해진다.

손님들은 분명 오이를 추가로 더 달라고 할 것이다. 추가 오이는 요금을 받아야 한다. 손님들도 인정할 것이다. 볶음밥은 절반 정도 먹으면 기름기 때문에 조금 느끼해지는데 오이 볶음밥은 끝까지 상쾌하게 먹을 수 있다. 직접 만들어 응용해보라.

나는 다음 날 가지도 포를 떠서 올리브유에 구운 다음 초밥을 만들어 봤다. 역시나 맛나다. 창조하려 하지 마라. 모방하고 변형하라. 자신에게 맞게 변형한 것이 곧 창조다.

펄펄 끓는 아이스크림

차가움-뜨거움, 스몰 사이즈-빅 사이즈, 여성 전용-남성 전용, 움직이지 않는-움직이는, 앉아서 먹는-서서 먹는 등 반대 개념을 활용해보라. 이런 식으로 간단하게 뒤집어서 생각해보면 아이디어가 탁 떠오른다. 내가 써놓은 것 말고 또 다른 반대 개념들을 떠올려보라.

여름에 먹는 차가운 소고기 국밥은 어떨까? 국물이 식으면 고기 비린내가 나지 않을까? '그렇겠지!' 하고 포기하면 안 된다. 남들은 여기까지 주로 생각한다. 그래서 다 비슷비슷해지는 것이다. 난 한 번 더 생각한다. 국물이 식으면 고기 비린내가 나는데 그 비린내를 잡을 방법은 뭘까? 여기까지 생각한 다음 직접 만들어보고 아니면 다른 아이디어로 넘어간다. 첫 번째 벽에서 포기하지 마라. 첫 번째 벽을 넘을 수 있다고 생각해야 한다. 그 방법을 찾는 길이 성공으로 가는 길이다.

특별한 한 잔

무라카미 하루키의《만약 우리의 언어가 위스키라고 한다면》에 이런 구절이 나온다. "레스토랑에서 생굴 한 접시와 싱글 몰트를 더블로 주문해서, 껍질 속에 든 생굴에 싱글 몰트를 쪼로록 끼얹어서는 바로 입으로 가져갔다. 으-음, 정말이지 환상적인 맛이다."

굴 껍데기에 위스키를 부어 술을 먼저 마시고 바로 이어서 굴을 먹는 콘셉트다. 단골손님 등 소중한 손님들에게 특별히 하나씩 대접한다.

"무라카미 하루키가 아일랜드에서 이렇게 굴에 위스키를 마셨다고 하네요"라고 말하며 가성비 좋은 싱글 몰트 위스키를 당장 구해다 손님들에게 한 잔씩 드리자.

이왕이면 책도 가게에 비치해놓고 손님들에게 보여주는 것이 좋다. 이 부분에 빨간 줄을 긋고 손님들에게 서비스할 때마다 살짝 보여준다. 굉장히 고급진 서비스로 느껴질 것이다. 센스 있는 주인장의 모습으로 비쳐질 것이다.

맛없는 식당

간판은 '맛없는 식당'이다. 왜 맛이 없냐면 건강을 위해서 간을 약하게 하고 자극적이지 않은 건강에 좋은 음식만을 취급하기 때문이다.

강아지, 고양이 등 반려동물 동반 교회

반려동물을 키우는 사람들은 당연히 반려동물과 함께 천국에 가고 싶을 것이다. 그런 사람들을 위해 반려동물과 함께 자유롭게 예배를 드릴 수 있는 시설을 교회에 갖추면 어떨까?

중국집 아이디어

매장에 음식을 내갈 때도 철가방에 담아서 서빙한다. 나는 중국집 철가방의 문이 샥 하고 열리고 그 안에서 짜장면이 나올 때 너무 행복하다. 짜장면과 짬뽕만이라도 배달통에 넣어서 “짜장면 시키신 분~”이라고 외치며 테이블마다 서빙해보자.

무인 국밥집

요즘 점심시간이면 편의점이 난리가 난다. 물가가 오르자 점심이라도 저렴한 곳에서 먹기 위해서다. 더 문제는 식당에서 일할 사람이 없다는 것이다. 해결책은 무인점포다. 한강 편의점에서 볼 수 있는 라면 끓이는 기계로 충분히 국밥을 끓일 수 있다. 자판기에 상온보관 국밥을 넣어두고 손님들이 직접 결제하고 끓여 먹을 수 있는 시스템을 만든다. 가격은 4,000원 선이다. 옆에서 즉석밥과 구운 달걀도 판매한다. 5,000원대에 뜨끈한 국밥과 달걀 하나까지 먹을 수 있는 아이템이다. 인건비는 0원이다.

행복한 술집

벽에 커다란 알람시계가 있다. 매 시간 30분부터 카운트다운이 시작된다. 5, 4, 3, 2, 1! 알람이 울리면 신나는 음악이 나온다. 그러면 테이블 손님들이 큰 소리로 웃는다. 가장 잘 웃는 테이블에 서비스 안주를 준다. 가장 손님이 많은 메인 시간엔 가장 잘 웃는 테이블을 선정해 그때까지 주문한 모든 음식을 공짜로 제공한다. 한 시간에 한 번씩 박장대소하는 술집! 지나가는 사람들이 안 들어올 수 없다.

부록2 꼭 알아야 하는 세금 상식

종합소득세, 중간예납, 분납, 연장, 유예, 누진공제, 감면, 절세, 과세표준, 세율, 누진세, 부가가치세, 일반과세, 간이과세, 갑근세, 주민세, 지방소득세, 원천징수, 의제매입세액공제, 4대 보험(국민연금, 의료보험, 고용보험, 산재보험), 퇴직금, 근로계약서, 월급명세서, 주휴수당, 복리후생비, 시간외 근로수당, 연차수당, 비과세, 국세, 지방세, 기본급, 상여금, 상하수도관리비, 음식물쓰레기처리비, 방역비, 통신비, 보안관리비, 전기세, 수도세, 보건증, 사업자등록, 영업신고, 권리금, 원상복구, 용적률, 건폐율, 화재해상보험, 소상공인시장진흥공단, 상표등록, 변리사, 세무사, 감가상각, 개인, 법인, 기부금공제, 외국인 고용 등등.

장사를 하는 사람이라면, 아니 돈을 벌고자 하는 사람이라면 최소한 이 정도는 알고 있어야 한다. 돈과 직결되는 것들이기 때문이다. 아는 만큼 돈을 벌 수 있고, 공부하는 만큼 나가는 돈을 막을 수 있다.
경제·금융 용어는 주기적으로 정리하는 습관을 들이자. 매년 법이 달라지고 기준이 변하기 때문에 끊임없이 관심을 가지고 공부해야 한다. 내가 정리해둔 몇 가지 중요한 세금 상식을 쉽게 알려주겠다(아래 내용은 2021년 12월 기준이다. 수시로 법이 바뀌므로 자주 꼼꼼하게 챙기자).

종합소득세

❶ 내용

신고 연도 기준 전년도 1년 동안(쉽게 말해, 2023년에 신고한다면 그전 해인 2022년 1월부터 12월까지) 내가 벌어들인 모든 소득(이자소득, 배당소득, 사업소득, 근로소득, 연금소득, 기타소득, 퇴직소득, 양도소득)에 대해 종합적인 세금을 납부하는 것이다. 내 경우 가게에서 벌어들인 소득, 개그맨으로 벌어들인 소득, 집필이나 강연을 통해 얻은 소득 등을 합해서 계산한다. 가게만 따로 계산하는 게 아니다.

❷ 신고 기간

매년 5월 1일~30일. 성실신고확인서 제출자는 6월 30일까지 신고를 하고 세금납부도 마쳐야 한다(5월은 종합소득세, 6월은 자동차세, 7월과 1월은 부가가치세로 일단 외워두라).

❸ 종합소득세의 과세표준과 세율 그리고 누진공제

과세표준	세율	누진공제
1,200만 원 이하	6%	-
1,200만 원 초과~4,600만 원 이하	15%	1,080,000원
4,600만 원 초과~8,800만 원 이하	24%	5,220,000원
8,800만 원 초과~1억 5,000만 원 이하	35%	14,900,000원
1억 5,000만 원 초과~3억 원 이하	38%	19,400,000원
3억 원 초과~5억 원 이하	40%	25,400,000원
5억 원 초과~10억 원 이하	42%	35,400,000원
10억 원 초과	45%	65,400,000원

여기서 눈여겨봐야 하는 건 누진공제액이다. 구간마다 계산하는 번거로움을 없애기 위해 한 번에 계산하고 누진공제액을 빼면 된다. 예를 들면 소득이 6,000만 원일 경우 하나씩 계산하면 1,200만 원은 6%(72만 원), 3,400만 원은 그다음 구간인 15%(510만 원), 마지막 1,400만 원은 24%(336만 원)를 세금으로 내야 한다. 그러면 총 918만 원이다.

그런데 계산이 복잡하다. 이럴 때 누진공제를 활용하면 계산이 쉬워진다. 그냥 표를 보고 한번에 계산하는 것이다.

소득이 6,000만 원이니까 세율 구간은 24%, 누진공제액은 522만 원이다. 6,000만 원의 24%(1,440만 원) - 522만 원(누진공제액)을 하면 결과는 역시 918만 원이다.

❹ 장부기장 신고 방법

간편장부 또는 복식부기(성실신고 대상자).

㉠ 간편장부

복식부기 대상이 아닌, 소규모 사업자를 위한, 말 그대로 간편한 장부다. 국세청에서 제공하는 서식이 있으니 참고해서 작성하면 된다.

㉡ 복식부기

요식업의 경우 직전 연도 매출이 1억 5,000만 원 이상이면 복식부기 대상자다. 복식부기 장부를 만들어서 신고해야 하는데, 우리가 신고하기에는 복잡하므로 세무사를 쓰는 편이 좋다. 세무사에게 성실신고를 맡길 경우 '필요경비 + 경비의 60%(120만 원 한도)'를 세액공제해준다.

예를 들어 세무사 비용이 200만 원 들었고 내가 적용받을 종합소득세 적용 세율이 15%라면 200만 원의 15%인 30만 원(필요경비)과 200만 원의 60%인 120만 원이 세액공제 된다. 그러면 본인이 부담할 세무사 비용은 200만 원-30만 원-120만 원인 50만 원이다.

ⓒ 성실신고

요식업의 경우 성실신고 대상자는 전년도 기준 매출액이 7억 5,000만 원 이상인 사람이다. 성실신고 대상자는 성실신고확인서를 제출하지 않으면 종합소득세 산출세액의 5%가 가산세로 부과될 수 있고 세무조사 대상자로 선정될 수도 있다. 또 성실신고 대상자는 복식부기 의무자이므로, 간편장부로 제출하거나 장부 자체를 제출하지 않으면 20%의 가산세를 물게 된다. 성실신고 혜택으로 의료비와 교육비는 지출 금액의 15%, 월세는 지출 금액의 10%를 세액공제 해준다.

❺ 종합소득세 중간예납

11월에 중간예납 납부 고지서가 날아온다. 이때 5월에 낸 종합소득세의 절반을 내지 않으면 가산세가 붙는다. 작년 소득을 기준으로 올해 상반기(1~6월)에도 소득이 있다고 가정하고 세금을 부과하는 것이다. 다음 해 5월에 종합소득세를 낼 때 이 금액을 빼고 내면 된다.

❻ 종합소득세 절세·공제·감면 방법

소득이 많아지면 소득세가 마구 늘어난다. 이때 핵심은 얼마만큼의 비용을 인정받느냐다. 비용으로 인정받을 수 있는 모든 자료를 모아 놔야 한다. 많은 방법이 있으니 반드시 스스로 공부해야 한다.

㉠ 인건비 비용 처리를 잘해야 한다. 인건비와 4대 보험은 분리해서 신고한다. 매달 지급명세서를 신고해야 가산세가 붙지 않는다. 거기서 끝이 아니라 다음 해 2월 연말정산까지 완료해야 신고가 끝난다. 사업비에서 가장 큰 부분을 차지하는 것이 인건비인 만큼 철저하게 공부하고 준비해라. 최대한 비용으로 인정받을 수 있게 자료를 모으고 기간 내에 신고해서 가산세를 물지 않아야 한다.

㉡ 노란우산공제. 소득금액이 4,000만 원 이하인 경우에는 500만 원, 4,000만 원 초과~1억 원 이하인 경우에는 300만 원의 소득공제가 가능하다. 현재 금융상품 중에서 유일하게 남은 절세상품이다.

㉢ 개인연금저축은 400만 원까지, 퇴직연금 IRP는 700만 원까지 세액공제가 가능하다(개인연금과 퇴직연금을 합해 연 700만 원까지).

㉣ 재고자산. 재고자산을 비용으로 처리하는 다양한 방법이 있다. 당신이 취급하는 품목을 비용으로 처리하는 방법들을 찾아보라.

㉤ 기부금으로 세액공제를 받을 수 있다. 정치자금기부금, 법정기부

금, 지정기부금(교회 등 종교단체) 등 다양한 기부금 혜택을 받을 수 있다.

ⓑ 공동명의자 또는 구성원들에게 소득을 분산하는 방법으로 절세할 수 있다. 소득 금액에 따라 유리한 쪽이 있으니 당신의 경제 범위에 맞는 방법을 찾아보라.

ⓢ 3만 원 이상 거래했을 때 적격증빙(세금계산서, 계산서, 신용카드 전표, 현금영수증) 서류를 꼭 챙겨야 한다.

ⓞ 간이영수증으로 받은 경우 일반경비는 3만 원 이하, 접대비는 1만 원 이하 거래에 대해서만 경비로 처리가 가능하다.

ⓙ 신용카드 결제가 불가능하거나 현금영수증을 발행받지 못하는 상황이라면 간이영수증을 꼭 받아야 한다. 사업과 관련된 지출임을 영수증이나 거래명세로 증명할 수 있다면 부가가치세 매입세액공제는 받지 못하더라도 소득세를 신고할 때는 비용으로 인정받을 수 있다. 단, 이 경우 가산세를 2% 추가 부담해야 한다.

이 외에도 인터넷만 찾아봐도 수많은 절세 방법이 나온다. 다시 말하지만 아는 만큼, 공부하는 만큼 세금을 줄일 수 있다. 버는 것도 중요하지만 지키는 것이 더 중요하다.

부가세

❶ 개요

식당의 음식 값에는 부가가치세가 10% 포함돼 있다. 내가 따로 받지 않았어도 포함돼 있는 것이다. 그렇기 때문에 음식 값을 결정할 때 이 부분도 고려해야 한다.

부가세는 사업자가 나라를 대신해 소비자에게 받아두었다가 내는 것이다. 식당을 하다 보면 부가세 낼 때 가장 가슴 아프다. 종합소득세는 내가 번 돈에서 내는 느낌인데 부가세는 그냥 이유 없이 나가는 느낌이다. 매출의 10%는 늘 내 돈이 아니라고 생각하고 따로 적립해놓는 것도 좋은 방법이다. 물론 10%를 다 내진 않는다. 내가 식당에 필요한 것을 살 때 나 역시 부가세를 미리 내기 때문에 이 부분에 대해서 공제를 받는다.

❷ 신고 기간

1년에 2회로 나누어 신고한다. 1월 1일부터 6월 30일까지의 실적을 7월 25일까지, 7월 1일부터 12월 31일까지의 실적을 다음 해 1월 25일까지 신고한다.

신고는 2회지만 세금은 네 번에 나눠 납부한다. 4월과 10월에 직전에 낸 부가세의 50%를 미리 내게 하는 중간예납고지서가 날아온다(매출에 따라 차이가 있다). 이것 역시 내지 않으면 가산세가 붙는다.

정리하면 부가세는 1월과 7월에 확정적으로 내는 세금인데 7월에 낼 세금을 4월에, 내년 1월에 낼 세금을 올해 10월에 50%씩 미리 낸다고 생각하면 된다. 4월 25일, 7월 25일, 10월 25일, 1월 25일은 부가세 내는 날이다. 425, 725, 1025, 125는 부가세라고 외우자.

❸ 부가세 계산

매출세액에서 매입세액을 뺀 금액으로 결정된다. 매출보다 재료비를 더 많이 쓴 경우 부가세를 돌려받는다.

❹ 부가세 절세 방법

㉠ 세금계산서, 계산서, 신용/체크카드 영수증, 현금영수증을 잘 모아라.

㉡ 전기요금, 전화요금, 가스요금 등 공과금 지로용지는 세금계산서는 아니지만 사업자등록번호와 상호가 기재되어 있으면 매입세액공제를 받을 수 있다. (월세를 내고 영업을 하는 경우 건물주 이름 또는 직전 영업주 이름과 상호로 공과금이 나올 때가 있다. 이럴 땐 세액공제를 못 받는다. 오픈하기 전에 모든 지로용지 명의를 본인으로 바꿔야 한다.)

㉢ 영업용 차량의 경우 차량 구입비, 유류비, 수리비 등은 공제가 가

능하다. 단, 1000cc 이하 경차, 9인승 이상 승합차, 밴, 화물차, 125cc 이하 2륜 차일 때만 부가세공제가 가능하다(세부 사항은 자주 바뀌니 확인하기 바란다).

㉣ 전자신고를 하면 1만 원 세액공제 해준다.

㉤ 의제매입세액공제(이름을 왜 이렇게 어렵게 지었는지 모르겠다. 이름만 들어도 질려버리지만, 조금만 참고 알아보자. 세금은 아는 만큼 덜 내게 되니까)는 농산물, 축산물, 수산물, 임산물 구입과 관련 있다. 이 네 가지는 부가세가 면제되는 상품이다. 내가 물건을 살 때 10%의 부가세를 이미 지불했기 때문에 부가세 납부일인 425, 725, 1025, 125에 이 금액만큼을 빼고 부가세를 낸다. 그런데 농산물, 축산물, 수산물, 임산물의 경우에는 이미 부가세가 면제되어 있다. 내 입장에선 물건을 사고도 부가세 혜택을 못 받으니 억울하다. 그 억울함을 달래주기 위한 것이 의제매입세액공제다.

물건을 파는 농부나 어부에겐 부가세를 면제해줬지만 물건을 사는 사람에겐 어느 정도 부가세를 낸 것으로 간주해서 세금에서 깎아주겠다는 것이다. 의제매입을 영어로는 'Deemed Input Tax'라고 하는데 'Deem'이 '간주하다'라는 뜻이다. 파는 사람에겐 세금을 면제해줬지만 사는 사람에겐 일정 액수의 세금을 냈다고 간주해주겠다는 애기다. 공제를 받으려면 수단과 방법을 가리지 말고 증명할 수 있는 서류를 만들어야 한다.

재료를 살 때 카드로 결제하거나 계좌 이체를 하면 거래 흔적이 남으니 그걸로 신고하면 되고, 현금으로 거래했을 땐 현금영수증을 만들어 보관해야 한다. 이도 저도 없을 땐 농부나 어부의 인적 사항과 거래 내용을 꼼꼼히 기록했다가 신고하면 된다. 김치 같은 단순가공식료품도 대상이 된다.

얼마만큼 혜택을 주느냐면 매출에 따라 9/109, 8/108만큼 주겠다는데, 왜 이렇게 복잡하게 해놓았는지 모르겠다. 핵심은 매출이 올라갈수록 의제매입세액공제가 줄어든다는 것이다.

간이과세자 vs. 일반과세자

식당을 처음 시작할 때 가장 많이 고민하는 부분이 간이과세자가 될 것이냐, 일반과세자가 될 것이냐다. 이 부분은 꼭 알아야 한다. 매년 세법도 바뀌고 조건도 바뀌기 때문에 자주 찾아보고 관심을 가져야 한다.

❶ 간이과세자

간이과세자는 부가가치세를 매길 때 세금 혜택을 받는 사업자다. 기준은 연간 매출액 8,000만 원 미만의 소규모 사업자라고 돼 있고 세율도 업종별로 0.5~3%로 낮게 적용된다.

간이과세자 중에는 부가가치세 납부를 완전히 면제받는 대상도 있다. 처음 시작할 땐 내 업장의 매출이 얼마가 나올지 모르기 때문에 무조건 간이과세자로 신청해야 한다. 매출이 오르면 저절로 일반사업자로 바뀐다고 연락이 온다. 바뀔 때까지 부가가치세 혜택을 받으면 된다. 업종마다 다르겠지만 최소 수백만 원을 절약할 수 있다.

단, 매입세액의 공제혜택을 일반과세자보다 적게 받게 되고 세금계산서 발행도 할 수 없는 점 등의 단점이 있으니 본인의 업종에 따라 스스로 공부해서 적용하기 바란다.

❷ 간이과세자에서 일반과세자로 전환되는 기준

연매출 8,000만 원이 넘으면 일반과세자가 된다. 그런데 매출을 계산하는 법을 꼭 알아야 한다.

만약 12월에 오픈해서 한 달에 800만 원의 매출을 올렸다면 한 달간 장사하고도 내년 1월부터 일반과세자로 변경된다. 매년 1월을 기준으로 하기 때문이다. 이 경우 800만 원×12=9,600만 원으로 연매출 8,000만 원을 넘는 것으로 간주된다. 억울한 케이스다. 그러니 이왕이면 1월에 오픈하는 것이 좋다.

연매출 4,800만 원 미만이면 부가세가 아예 면제된다. 결국 4,800만 원~8,000만 원 사이의 간이과세자들이 0.5~3%의 세율로 세금을 내는 것이다. 일반과세자는 10%를 내니까 차이가 크다.

갑근세

현재는 근로소득세라고 부른다. 갑종甲種근로소득과 을종乙種근로소득이 있다. 을종은 외국인 대상이니까 패스. 우리는 갑종근로소득세인 갑근세를 내야 한다.

주민세

우리 지역 주민이라서 내는 세금이다.

지방소득세

우리 지역에서 돈을 버니까 내는 세금이다.

4대 보험

국민연금, 의료보험, 고용보험, 산재보험을 의미한다. 매월 10일 저녁에 통장에서 빠져 나가며 내 경우는 의료보험 〉국민연금 〉고용보험 〉산재보험 순으로 액수가 작아진다. 그리고 외국인을 고용할 경우 외국인 근로자 출국만기보험 등 관련 보험에 가입해야 한다. 외국인 고용 관련 보험은 고용주가 내는 것과 외국인 본인이 내는 것으로 분류된다.

월급 관련

❶ 월급 계산하기

네이버 임금 계산기에 본인 사업장의 상황을 입력하면 바로 계산이 된다. 근로조건과 본인이 생각하는 월급을 입력하면 시급으로 계산되어 나온다.

주휴수당, 복리후생비(식대, 교통비 등), 시간외 근로수당, 연차수당을 모두 반영해서 월급을 책정해야 나중에 복잡하지 않다.

❷ 주휴수당

주급으로 계약한 근로자에게만 해당된다. 월급제로 계약한 경우는 주휴수당을 월급에 포함해서 계산한다. 따로 주휴수당을 지급하지 않는다.

이번 주에 열심히 일했으니 쉬는 날 푹 쉬고 다음 주에 건강하게 출근하라는 의미로 휴일에 격려금을 준다고 생각하면 된다.

첫째, 1주일에 15시간 이상 근무하고

둘째, 1주일 동안 일하기로 한 날 모두 출근하고

셋째, 다음 주에도 출근하면

주휴수당을 지급해야 한다.

주휴수당은 1주일 동안 일한 시간을 5로 나눈 다음 시급을 곱한 금액이다.

40시간 일했으면 40을 5로 나눈 다음 시급 1만 원을 곱해준다(40÷5×1만 원=8만 원).

35시간 일했으면 35를 5로 나눈 다음 시급 1만 원을 곱해준다(35÷5×1만 원=7만 원).

단, 주휴수당은 최대 1일에 8시간까지만 계산한다. 그리고 무조건 5로 나눈다. 그러니 1주일 최대 주휴수당은 '40÷5일×시급'이다. 6일 동안 45시간 일했더라도 40÷5×시급으로 계산하면 된다.

❸ 퇴직금

근로자가 1주일에 15시간 이상씩 1년 이상 일할 때 발생한다. 1년을 일했으면 한 달치 월급 정도를 퇴직금으로 지급한다고 생각하면 된다. 1년 6개월 일했으면 한 달 반치 월급 정도를 지급한다.

네이버 퇴직금 계산기로 쉽게 계산할 수 있다. 노무사들이 운영하는 유튜브를 자주 보면 복잡한 사례, 특수한 사례들을 잘 알 수 있다.

❹ 일용직 4대 보험 조건

1개월간 근로일수 8일 이상, 근로시간 60시간 이상이면 일단 국민연금과 의료보험을 내야 한다. 고용보험과 산재보험은 조건에 따라 다르니 본인의 상황에 맞게 찾아서 공부하기 바란다.

세무사 선택

세무사는 견적을 여러 군데 받아보고 결정하면 된다. 보통 '매월 관리비+종합소득세 신고 때 기장비', 이렇게 두 가지를 받는다. 매월 관리비는 일정하고 종합소득세 기장비는 매출액에 따라 달라진다. 매출이 크지 않을 경우에는 매월 관리비는 주지 않고, 5월에 종합소득세 신고 때만 맡기면 된다.

부록3 단단한 내공을 위한 추천도서

세상에는 정말 많은 책이 있다. 그 책들을 모두 읽을 수는 없다. 그런데 목적을 뚜렷하게 가지고 책을 읽다 보면 책이 책을 소개해주고, 책의 안내를 따라가다 보면 내 인생의 책을 만날 수 있다.

어디서부터 시작해야 할지 모르겠다면 아래 책들 중에서 시작해보길 권한다. 단, 반드시 목적을 가지고 읽어야 한다. 내가 처한 상황에 대한 해답을 찾겠다는 생각으로!

1 **그렉 맥커운, 《에센셜리즘》, 김원호 옮김, RHK, 2014.**
더 적게 일하고 더 많이 벌고 싶다면, 진짜 내가 하고 싶은 일을 찾고 싶다면

2 **조던 피터슨, 《질서 너머》, 김한영 옮김, 웅진지식하우스, 2021.**
어쩔 수 없이 다니고 있는 직장에서 벗어나고 싶다면

3 **알젤름 그륀, 《머물지 말고 흘러라》, 서문연 옮김, 21세기북스, 2008.**
내 삶의 올바른 방향을 알고 싶다면. 공지영 작가님이 직접 내게 추천해준 책

4 **유현준, 《도시는 무엇으로 사는가》, 을유문화사, 2015.**
내가 운영할 가게를 어디에 차려야 좋은지 알고 싶다면

5 **유현준, 《어디서 살 것인가》, 을유문화사, 2018.**

내 아이를 천재로 만들고 싶다면

6 **데일 카네기, 《데일 카네기 자기관리론》, 임상훈 옮김, 현대지성, 2021.**
인간관계와 돈에 대한 걱정을 날려버리고 싶다면

7 **이랑주, 《살아남은 것들의 비밀》, 샘터, 2015.**
롱런하는 가게들의 비결과 그들에게서 아이디어를 얻고 싶다면

8 **다니엘 핑크, 《WHEN-언제 할 것인가》, 이경남 옮김, 알키, 2018.**
언제 직장을 그만둬야 하는지 알고 싶다면

9 **미겔 데 세르반테스 사아베드라, 《돈키호테》, 안용옥 옮김, 열린책들, 2014.**
이룰 수 없는 꿈을 좇고 있다면

10 **화산, 《화산의 온통 손자병법》, 이인호 옮김, 뿌리와 이파리, 2016.**
세상과의 전쟁에서 이기고 싶다면. 메밀국수 식당을 창업할 때 가장 도움이 된 책

11 **알렉스 룽구, 《의미 있는 삶을 위하여》, 수오서재, 2021.**
돈은 저절로 따라온다, 당신이 가치를 만든다면

12 **김지수·이어령, 《이어령의 마지막 수업》, 열림원, 2021.**
죽음을 대하는 자세를 알고 싶다면

13 **김승호, 《돈의 속성》, 스노우폭스북스, 2020.**
내가 돈을 벌고 동시에 내 돈이 돈을 버는 구조를 알고 싶다면

14 **사마천, 《사기열전》, 김원중 옮김, 민음사, 2020.**
세상의 모든 지혜를 알고 싶다면

15 **이승우, 《사랑의 생애》, 위즈덤하우스, 2017.**
일에 찌들어 갈라진 내 심장을 촉촉하게 하고 싶다면

16 생텍쥐페리, 《인간의 대지》, 허희정 옮김, 펭귄클래식코리아, 2015.
더 이상 한 걸음도 나아갈 수 없을 만큼 힘든 순간이라면

17 법정, 《맑고 향기롭게》, 조화로운삶, 2006.
머리가 너무 복잡하다면

18 존 윌리엄스, 《스토너》, 김승욱 옮김, RHK, 2015.
화려한 성공을 꿈꾼다면

19 에리히 프롬, 《소유냐 존재냐》, 차경아 옮김, 까치, 2020.
사람을 평가할 때 Have(그 사람이 가진 것)와 Be(그 사람 자체)를 알고 싶다면

20 토니 로빈스, 《흔들리지 않는 돈의 법칙》, 박슬라 옮김, 정철진 감수, RHK, 2018.
숨겨진 수수료의 비밀을 알고 싶다면

21 표도르 미하일로비치 도스또예프스끼, 《죄와 벌》, 홍대화 옮김, 열린책들, 2009.
내 안의 깊숙한 곳에 있는 진짜 나를 찾고 싶다면

22 미시마 유키오, 《금각사》, 허호 옮김, 웅진지식하우스, 2017.
나를 죽여야 내가 산다는 말을 이해하고 싶다면

23 알베르 카뮈, 《이방인》, 김화영 옮김, 민음사, 2011.
마지막 장을 덮은 후 끝없는 사색에 잠기고 싶다면

24 파울로 코엘료, 《연금술사》, 최정수 옮김, 문학동네, 2018.
1년에 한 번씩 다시 읽을 책이 필요하다면

25 에밀 졸라, 《목로주점》, 유기환 옮김, 열린책들, 2011.
난 정말 행복한 시대에 살고 있다는 걸 느끼고 싶다면

26 로버트 루트번스타인·미셸 루트번스타인, 《생각의 탄생》, 박종성 옮김, 에코의서

재, 2007.

자신의 뇌를 창의적인 아이디어 생산 공장으로 만들고 싶다면

27 헤르만 헤세, 《나르치스와 골드문트》, 임홍배 옮김, 민음사, 2002.

인생을 즐기면서도 숭고한 창조정신을 가지고 싶다면

28 장 그르니에, 《섬》, 김화영 옮김, 민음사, 2020.

생각하는 나에서 철학하는 나로 바뀌고 싶다면

29 E. H. 곰브리치, 《서양 미술사》, 백승길·이종숭 옮김, 예경, 2003.

사람들에게 매력을 발산하고 싶다면

30 홍성태, 《그로잉 업》, 북스톤, 2019.

내 가게를 기업으로 키우고 싶다면

31 켄 시걸, 《미친 듯이 심플》, 김광수 옮김, 문학동네, 2014.

나만의 브랜드를 만들고 싶다면

32 무라카미 하루키, 《먼 북소리》, 윤성원 옮김, 문학사상사, 2019.

떠나고 싶지만 떠날 수 없는 상황이라 책으로 위로받고 싶다면

33 헤르만 헤세, 《데미안》, 전영애 옮김, 민음사, 2009.

당신이 독서를 시작할 첫 번째 책을 찾는다면

34 니코스 카잔차키스, 《그리스인 조르바》, 이윤기 옮김, 열린책들, 2009.

진정한 사내의 삶을 느끼고 싶다면

35 E. F. 슈마허, 《자발적 가난》, 이덕임 옮김, 그물코, 2010.

적게 가지는 것이 더 행복하다는 비밀을 알고 싶다면

36 웬디 우드, 《해빗》, 김윤재 옮김, 다산북스, 2019.

성공하는 습관을 가지고 싶다면

37 **필 나이트, 《슈독》, 안세민 옮김, 사회평론, 2016.**
나이키의 매력을 내 삶에 적용하고 싶다면

38 **루키우스 안나이우스 세네카, 《인생이 왜 짧은가》, 천병희 옮김, 숲, 2005.**
시간에 끌려다니지 않고 내 시간을 제대로 살고 싶다면

39 **나폴레온 힐, 《놓치고 싶지 않은 나의 꿈 나의 인생》, 권혁철 옮김, 국일미디어, 2021.**
하루에 100번 외치면 모든 것이 이루어진다는 것을 믿기 힘들다면

40 **문영미, 《디퍼런트》, 박세연 옮김, 살림Biz, 2011.**
경쟁하지 않고 독점하는 방법을 알고 싶다면

41 **정약용, 《유배지에서 보낸 편지》, 박석무 옮김, 창비, 2009.**
내 아이에게 삶의 지혜를 가르치고 싶다면

42 **마르셀 프루스트, 《잃어버린 시간을 찾아서》, 김희영 옮김, 민음사, 2012.**
끝까지 읽는 것만으로 독서의 레벨을 한 단계 높이고 싶다면

43 **김난도 등, 《트렌드 코리아》 시리즈, 미래의창.**
연말 연초에 읽을 책을 찾고 있다면

44 **빅터 프랭클, 《빅터 프랭클의 죽음의 수용소에서》, 이시형 옮김, 청아출판사, 2020.**
죽을 만큼 힘든 순간이라면

45 **조지 오웰, 《동물 농장》, 도정일 옮김, 민음사, 2009.**
동물처럼 살고 싶지 않다면

46 **어니스트 헤밍웨이, 《노인과 바다》, 이인규 옮김, 문학동네, 2012.**

연속되는 실패에 지쳐 있는 당신이라면

47 **스티븐 킹, 《유혹하는 글쓰기》, 김진준 옮김, 김영사, 2017.**

99세까지 돈을 벌 수 있는 기술을 가지고 싶다면

48 **미하이 칙센트미하이, 《몰입》, 최인수 옮김, 한울림, 2005.**

즐겁게 일하고 돈도 버는 방법을 알고 싶다면

49 **세스 고딘의 모든 책**

마케팅이란 무엇인가를 알고 싶다면

50 **세상의 모든 시집**

죽음의 순간에 "정말 잘 살았다"라고 말하고 싶다면

51 **세상의 모든 요리책**

나와 내 가족의 건강한 삶을 원한다면

Think and Grow Rich

이 책은 돈 버는 법에 관한 이야기

초판 1쇄 발행 2022년 9월 19일
초판 43쇄 발행 2024년 11월 6일

지은이 고명환
펴낸이 최지연
마케팅 김나영, 윤여준, 김경민
경영지원 강미연
디자인 표지 [★]규, 본문 수오
교정교열 윤정숙

펴낸곳 라곰
출판신고 2018년 7월 11일 제 2018-000068호
주소 서울시 마포구 큰우물로 75 성지빌딩 1406호
전화 02-6949-6014 **팩스** 02-6919-9058
이메일 book@lagombook.co.kr

ISBN 979-11-89686-53-6 03320

• 라곰은 (주)타인의취향의 출판 브랜드입니다.
• 책값은 뒤표지에 있습니다.
• 잘못된 책은 구입하신 곳에서 바꾸어 드립니다.